V

EXPOSITION

D'UNE

NOUVELLE MÉTHODE

POUR

L'ENSEIGNEMENT DE LA MUSIQUE.

Exposition

D'UNE

NOUVELLE MÉTHODE

POUR L'ENSEIGNEMENT

DE LA MUSIQUE,

PAR P. GALIN,

INSTITUTEUR A L'ÉCOLE ROYALE DES SOURDS-MUETS DE BORDEAUX.

SECONDE ÉDITION,

PUBLIÉE AUX FRAIS DES DISCIPLES DE M. AIMÉ PARIS, ET AUGMENTÉE, PAR CE PROFESSEUR, DE FIGURES EXPLICATIVES DU TEXTE ET D'UNE NOTICE SUR L'AUTEUR.

Un art dépend toujours d'une science. C'est donc la science que nous avons à créer pour procéder avec méthode. (DE DESTUTT-TRACY. Log.)

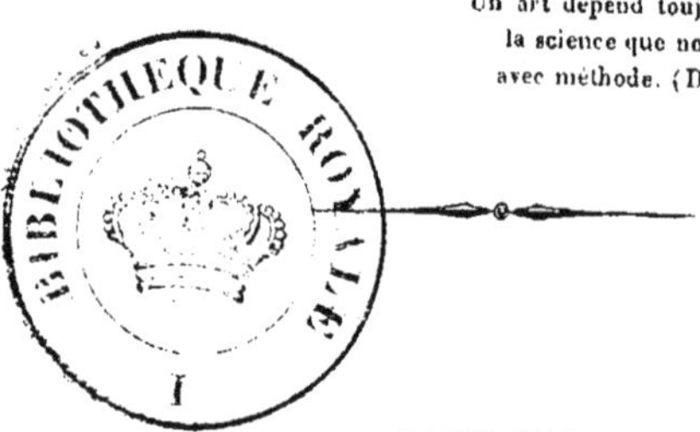

LYON.

CHEZ AUGUSTE BARON, LIBRAIRE,

RUE CLERMONT, N. 5.

1833.

LYON, IMP. ET LITH. DE G. AYNÉ NEVEU.

A MON AMI

A. DE RAIGNIAC D'ARTIGUES,

ANCIEN ÉLÈVE

DE L'ÉCOLE POLYTECHNIQUE.

Galin.

Suite de la Liste de MM. les Souscripteurs.

M. Cadis.
M. Carlod et M. Juenin.
M. Carret.
M. Charrereau.
M. Chauvin.
M. Chavanne.
M. Clément.
Mlle Clerc (Maria).
M. Décrand.
M. Dagnière.
M. Dagoty.
M. Delorme.
M. Deluvigne.
M. Descours.
* M. Dubouchet.
M. Dumas (Ferdinand).
M. Dumas (Emmanuel).
M. Dumas (Francisque).
M. Dumond.
Mme Duzause.
M. Favre.
M. Fausseret.
Mlles Froissart (D., E., et M.)
Mlle Gabet (Laure).
M. Gelot.
M. Germain.
M. Goudard.
M. Grandvoinet.
* M. Grillet (Aimé).
M. Grillet (Claudius).
M. Groboz.
Mlle Guillard.
Mlle Henry.
M. Janoray.
Mme Jubany.
M. Le Mire.
M. Lyonnet.
M. Marangoni.
M. De Margadel.
* Mme Marteau.
M. Martel.
M. Mazas.
M. Nathan.
M. Nicod d'Arbent.
M. Pajot.
M. Perroud.
Mlle Peter.
Mme Peysonnneau, née Artru.
M. Pin.
* M. Plassard.
Mme Portailler.
Mlle Rast de Maupas.
M. Ribollet.
* M. Rigollet.
Mlle Richard (Joséphine).
Mlle Robert (Fanny).
Mme Rostaing (Claudius).
M. Rousselet.
M. Sollier.
Mlle Soulacroix (Amélie).
M. Suc.
Mlle Teissier.
Mlles Tournachon (E. et S.)
M. Trotton.
M. Valayer.
* M. Vergnier.

NOTICE SUR GALIN,

SUIVIE

DE QUELQUES CONSIDÉRATIONS

Sur l'avenir de sa Méthode.

Pierre Galin, que quelques biographies font naître à Bordeaux, en 1786, est né à Samatan, département du Gers, si des renseignemens exacts m'ont été donnés en 1830, par M. Larrouy, alors recteur de l'académie de Toulouse. Ses parens, honnêtes et pauvres artisans, n'auraient pu subvenir aux frais de son éducation, si la bienveillance désintéressée d'un instituteur de Bordeaux n'avait ouvert à leur fils l'entrée d'une carrière qu'il devait parcourir avec tant de distinction.

La musique, comme il le dit lui-même, ne fut pas le premier ni le seul objet de ses études; il y demeura même étranger pendant long-temps. Son goût dominant le portait vers les mathématiques, et souvent il m'a dit que peu d'hommes avaient calculé plus que lui. Après ses études, il fut obligé de végéter, pendant quelques temps, comme maître d'études dans un établissement d'instruction, où ses habitudes réfléchies l'exposèrent, plus d'une fois, aux sarcasmes de ses collègues qui ne le désignaient guères entr'eux, que sous le sobriquet de *ver solitaire*. Galin obtint ensuite une chaire de mathématiques, et fut enfin nommé professeur de l'institution des sourds-muets de Bordeaux.

Indépendamment de ses travaux sur les mathématiques, il s'était livré avec ardeur à l'étude de tous les systèmes de philosophie anciens et modernes, et il est aisé de voir dans ses écrits que les théories nébuleuses d'outre-Rhin, ni même la transaction de l'école écossaise, entre le spiritualisme pur et la doctrine de la simple sensation, n'auraient pas trouvé en lui un adepte. Il avait étudié et approfondi tous les auteurs qui ont traité de l'économie politique, et ses réflexions ont été consignées dans quelques fragmens qu'on a dû retrouver après sa mort.

Ces travaux sur les sciences positives avaient absorbé ses premières années, et laissé peu de place à l'étude des arts d'agrément. Il lui vint enfin à l'esprit d'étudier la musique; mais sa fortune ne lui permettait pas de prendre un maître, et d'ailleurs, il avait appris tant de choses dans les livres qu'il crut pouvoir y trouver aussi le germe de la science qu'il voulait se rendre familière. Quel ne fut pas son étonnement, lorsqu'il chercha, dans les traités soi-disant élémentaires de musique, des principes déduits les uns des autres et dérivant d'abord de faits constatés par des expériences faites avec soin? Il demande à ces livres un ensemble systématisé de vérités, avec l'indication des moyens de constater l'exactitude des énoncés, de faire servir une acquisition intellectuelle à d'autres conquêtes; il ne trouve, au lieu d'une science, qu'un pêle-mêle d'affirmations jetées çà et là, sans discernement et sans liaison, des articles de foi imposés à la croyance des néophytes, sans preuves comme sans explications, et, à la suite de ce chaos, un assemblage de points noirs qu'on lui dit renfermer tout ce qu'il faut savoir en musique. Surpris de trouver, pour la première fois, son intelligence en défaut, il aime mieux accuser les bornes de son esprit que l'obscurité des livres; il lit de nouveau, il réfléchit, et cette capacité, que n'ont point trouvée rebelle les spéculations les plus abstraites des nombres et des théories économiques, ne peut arriver à comprendre cette proposition : *une ronde* VAUT *deux blanches*, *une blanche* VAUT *deux noires*. Le moindre écolier conçoit cela, dira-t-on; voici pourtant qu'une tête jetée dans le même moule que celle de Pascal est arrêtée devant ces mots. Galin (et je tiens ce fait de sa bouche) prend son compas, mesure la surface de la ronde et celle de la blanche, il compare la blanche aux deux noires, et sa perplexité s'augmente à mesure qu'il examine. Le voici qui les rapproche d'une autre manière, il découpe ces figures, les pèse au trébuchet, et ne trouve, au bout de ses tentatives, que le dépit de ne pas comprendre. Il faudra que six mois plus tard, assis le soir près de son foyer, et cherchant à trouver les notes de la gamme qui forment l'air populaire : *j'ai du bon tabac*, puis les récitant de manière à reproduire ce chant : *ut*, *ré*, *mi*, *ut*, *ré*, *rë mi*, *fa fa*, *mi mi*, il remarque que le deuxième *ré* passe moins rapidement dans la prononciation que le premier et le troisième; que les deux premiers *mi* sont prononcés chacun, en moins de temps que le troisième et le quatrième, et voilà notre penseur qui, s'il était au bain, renouvellerait la folie sublime d'Archimède, et courrait sans vêtement par la ville, en criant : *j'ai trouvé*! Et pourquoi ce long doute ? parce que les mots ont été mal employés par des auteurs qui ont compté sur les sous-entendus pour être compris, et qui ont formulé leur code des durées en termes qui signifient autre chose que la mesure du temps.

Trouvant les livres insuffisans pour le guider, Galin songe à demander du secours à un instrument : il achète une flûte, et s'évertue à reconnaître les sons produits par les combinaisons du doigter, puis à reproduire quelques airs qui sont restés dans sa mémoire. Il s'aperçoit bientôt que, selon que le point de départ du même air est plus haut ou plus bas, le doigter change, bien que les rapports des sons entr'eux restent les mêmes. Aussitôt qu'il a reconnu ce fait, il ne veut plus d'un intermédiaire qui lui donne des sons absolus; ce sont des relations qu'il lui faut; il veut une langue uniforme pour la même idée; sa flûte est brisée, et désormais, sa voix seule combinant sous mille formes les syllabes de la gamme, il s'élève, à force d'essais et de comparaisons, à la découverte des propriétés des sons dans la mélodie. C'est en entendant revenir les mêmes successions de mots dans des airs différens, ou dans des phrases dont l'effet n'est pas identique, qu'il distingue deux circonstances dans le chant, le rhythme et l'intonation; c'est alors que, remarquant le retour périodique d'un son plus intense que les autres, il découvre la division de la durée en mesures, la subdivision de celles-ci en unités, des unités en moitiés, en tiers, en quarts, etc., et qu'enfin, il devine ce que veulent dire ces mots : *une ronde vaut deux blanches.*

Quand il a mesuré assez de sons et de durées pour avoir la conscience des faits primordiaux de la musique, il reprend les livres, et cette fois il traduit, à l'aide de ses propres observations, ce que leur langage a d'incomplet ou d'obscur; puis, frappé de l'idée que la route qui l'a conduit au but peut être ouverte à tous, il conçoit le plan d'un ouvrage qui doit n'être, pour ainsi dire, que l'histoire de son éducation par lui-même. Pour se convaincre qu'il a surpris un des grands secrets de l'organisation humaine, il tente sur des intelligences toutes neuves des expériences analogues à celles qu'il a faites sur sa propre pensée, et le besoin d'une communication rapide et certaine lui fait trouver une *portée muette*, sur laquelle sa volonté se tracera à mesure qu'il lui conviendra de la manifester; il observe curieusement l'action qu'il exerce sur ses jeunes élèves, rectifie certains procédés, en imagine d'autres, et amène sa doctrine au point de pouvoir présenter autant de preuves de fait que d'argumens rationnels.

Avant de publier un traité de musique *élémentaire* auquel il compte consacrer plusieurs années, Galin, par une inspiration providentielle, trace à la hâte le plan général de la réforme qu'il projette, et ce qu'il donne comme de simples aperçus compose un des plus beaux ouvrages qu'ait produits le génie de l'homme. Ce n'est point par l'éclat d'un style ambitieux qu'il cherche à recommander sa doctrine, son expression ne vise qu'à peindre nettement la pensée fondamentale de son enseignement; mais aussi quelle force dans ces raisonnemens si bien enchaînés, dans ce récit naïf des épreuves auxquelles ont été soumis ses jeunes élèves ! Quel lecteur ne se rendra pas à l'évidence de ces preuves si clairement exposées ?

Un esprit méthodique a compris Galin, et le concours de M. Mainebeau qui reste chargé de soutenir la méthode dans la ville où elle a pris naissance, permet à l'inventeur de venir chercher à Paris la perte des illusions dont il s'était bercé. Dépourvu de la qualité la plus nécessaire pour réussir dans ce que la simplicité de quelques niais appelle le monde savant, il arrive avec peu de savoir-faire et beaucoup de savoir. Long-temps inconnu de tout ce qui n'est pas son petit auditoire de la rue Notre-Dame-des-Victoires, il se demande ce qu'est devenu cet avenir de célébrité qu'il a rêvé dans tant de veilles laborieuses, il doute de lui, et n'ose plus compter sur le jour de la justice. Enfin, l'ascendant irrésistible du génie va l'emporter, sa réputation franchit la sphère étroite de sa modeste académie, et ce Platon de la musique va être révélé à l'univers par deux des journaux les plus répandus. Mais la nullité envieuse veille déjà depuis long-temps ; un homme, dont les publications postérieures à celles de Galin ne permettent guère de douter qu'il n'ait largement profité des découvertes de son devancier, est instruit de la réparation qui se prépare. Il court au journal de l'opposition, demande « comment » les principes libéraux s'accommoderont avec le panégy- » rique d'un homme du 12 mars, d'un des plus fougueux » champions de la duchesse d'Angoulême, d'un royaliste » quand même; » puis, du même pas, il va près de la feuille royaliste prévenir le scandale que doit causer un journal bien pensant faisant l'apologie d'un « libéral effréné que la vio- » lence de ses opinions a fait chasser de la cité fidèle, dévouée » avant tout aux Bourbons, » et le même jour la corbeille des rebuts du *Constitutionnel* et du *Journal des Débats* reçoit le compte-rendu des travaux de Galin.

Cependant ses disciples entraînent à ses cours de nouveaux prosélites, l'évidence des faits parle trop haut pour que la vérité reste désormais étouffée. Alors l'esprit de spéculation songe à exploiter la mine nouvelle qui vient d'être ouverte. Un homme se présente à Galin comme un chaud partisan de ses idées ; il offre au savant son activité pour donner à l'enseignement plus de publicité ; Galin doit être la tête, lui, le bras, il se contentera du rôle modeste d'agent de la pensée du maître ; celui-ci, délivré des mille petits soins qu'il faut s'imposer pour se mettre en évidence, pourra se livrer à ses recherches favorites, rassembler et classer les matériaux de son grand ouvrage ; il n'aura qu'à surveiller et à diriger le moniteur intelligent qui se dévoue à lui comme les apôtres au Christ, et qui affrontera s'il faut le martyre pour la foi nouvelle. Galin le présente à ses élèves, (j'étais alors du nombre) comme son futur suppléant ; il lui expose dans des conférences particulières quelques-unes de ses vues, et quinze jours sont à peine écoulés, que la portée muette de Galin, entourée d'un cadre différent, est donnée effrontément par le contrefacteur comme son invention ; jamais, dit-il, il n'a connu Galin, seul il a trouvé une méthode ; il ment, il n'a volé qu'un tableau ; il barbouille une enseigne avec le pinceau dérobé à Raphaël ; mais il n'est pas peintre ; et bientôt, voulant publier livre contre livre, comme il a élevé autel contre autel, il donne la mesure de sa profonde nullité à titre de créateur d'un système d'enseignement.

Galin ne doit pas vivre assez pour lire cet ouvrage que son plagiaire n'aurait peut-être pas exposé à une critique dont il connaissait la portée; sa frêle constitution, usée par des travaux sans nombre, minée par une maladie organique, a reçu la plus rude atteinte. Se voir contester la propriété de la science qu'il a créée ! échanger contre la perspective d'un débat judicaire cette existence honorée qu'il attendait comme prix de tant d'efforts ! J'ose affirmer que le chagrin d'avoir aussi mal placé sa confiance, entra pour beaucoup dans les progrès rapides que son mal fit depuis cette époque.

Ses derniers jours révélèrent tout ce qu'il y avait de puissance dans son esprit. Quoiqu'il ne se fît pas illusion sur la catastrophe prochaine qui le menaçait, la netteté de ses idées ne se ressentait en rien de son état de souffrance, et ceux qui ont pu, comme moi, passer quelques heures auprès du lit qu'il ne devait plus quitter, savent avec quelle élégance et quelle lucidité il entretenait ses élèves, non-seulement de l'objet de leurs études, mais des plus hautes questions de philosophie, et des théories les plus avancées de l'organisation de la société humaine.

Dois-je avouer une faiblesse de cet homme remarquable? Il s'était cru, je ne sais à quel propos, de dispositions pour la poésie; souvent en feuilletant ses manuscrits, il se montrait tout joyeux, lorsqu'au milieu de tant de morceaux dignes d'intérêt par la nature du sujet et la profondeur des réflexions, il rencontrait quelques-uns de ses vers. Certes, rien n'y manquait pour l'exactitude de la mesure; les alexandrins avaient bien leurs douze pieds; point d'hiatus; les rimes alternaient dans l'ordre voulu par Richelet; mais le géomètre se reconnaissait à chaque ligne, et je ne crois point avoir entendu de ma vie de vers plus pauvres et plus plats que ceux qu'il me lut un jour sur un mauvais cuisinier. Dieu veuille, pour sa gloire, qu'on n'ait jamais l'idée de les faire figurer dans ses œuvres complètes!

Le 30 août 1822, il ne restait plus de Galin que le livre que nous publions, quelques manuscrits et une empreinte en plâtre, prise après sa mort par je ne sais quel sieur D..... qui pendant long-temps refusa d'en laisser tirer une copie par ceux qui désiraient avoir le portrait de leur maître, et ne se montra pas moins sourd aux instances des phrénologistes jaloux d'enrichir leur collection d'une tête qui devait présenter de si belles observations à faire. Ce plâtre (pour en finir avec le vandale dont je tais le nom) ayant perdu, par accident, l'intégralité sur laquelle avait spéculé M. D....., afin d'en obtenir un prix élevé, subit l'ignominie d'une sorte d'exposition : planté au bout d'une perche, il effraya pendant quelque temps les oiseaux tentés de s'abattre sur les fruits de M. D..... jusqu'à ce que la providence, prenant pitié de l'image au pilori, eût envoyé une rafale qui renversa le poteau, brisa le buste, et mit fin à ce supplice en effigie.

Galin était d'une taille assez élevée; sa figure calme et grave portait l'empreinte d'une certaine tristesse, dont un sourire gracieux effaçait passagèrement les traces. Il avait des manières d'une exquise politesse ; sa conversation, toujours de bon goût, empruntait quelque chose d'agréable à un accent méridional assez prononcé. Il ne s'animait guère en parlant ; mais son langage correct et précis rencontrait toujours l'expression propre : ce qu'il avait démontré était aussitôt compris et retenu. Possédant au plus haut degré l'esprit d'analyse, il n'abandonnait les rapprochemens de deux idées que lorsqu'envisagées sous toutes leurs faces elles n'offraient plus matière à des déductions importantes. Sa modestie et sa simplicité égalaient son savoir, et quand il redressait une erreur, c'était toujours de manière à éviter de faire paraître aucune prétention à la supériorité.

Il maniait avec un grand avantage l'arme de l'ironie, et M. Castil-Blaze est intéressé, autant que personne, à la séquestration de quelques fragmens, vrais chefs-d'œuvre de fine plaisanterie sur plusieurs des écrits de ce critique. L'amitié de Galin m'en aurait accordée la copie que j'aurais demandée, si j'avais pu croire que le moment fut si prochain, où ses manuscrits tomberaient, de cession en cession, aux mains d'une espèce de traiteur qui, ayant acheté les droits successifs de ses héritiers, eût la plaisante idée d'attaquer en justice ceux qui s'intitulaient successeurs de Galin. Ce procès fut une bonne fortune pour le tribunal civil de la Seine ; les magistrats parvinrent à trouver dans le Code que celui qui hérite des deniers doit aussi être réputé avoir hérité du talent ; et peut-être, si Galin avait eu un fauteuil à l'institut, notre Mignot eût voulu s'y faire installer par jugement de Messieurs.

Galin n'était point avare; mais sa position s'était si difficilement améliorée, qu'il craignait de compromettre ses économies pour donner de la publicité à sa méthode. Cependant, vers les derniers temps, il avait appelé la lithographie à son aide, et commencé pour ses élèves, l'impression d'une série de morceaux d'étude : s'il eût vécu, il est probable que son enseignement aurait reçu des développemens de plus en plus étendus.

Il ne thésaurisait pas pour lui, d'ailleurs, et j'ai la preuve qu'une grande partie de ce qu'il épargnait était envoyée à Bordeaux pour soulager la vieillesse de ses parens. Ce bon fils poussait l'attention jusqu'à faire disparaître, pour eux qui ne savaient pas lire l'écriture, l'impossibilité de déchiffrer ses lettres. Il leur écrivait en imitant les caractères des livres imprimés. J'ai vu de ces lettres, et tous ceux qui les ont lues ont été touchés de la sollicitude avec laquelle il veillait de loin sur sa famille, et ménageait les sentimens religieux de ses parens. *Priez Dieu pour moi*, *leur écrivait-il* : *si cela ne me fait pas de bien*, *au moins cela ne peut pas me faire de mal.* Il faudrait lire dans les lettres originales les détails dans lesquels il entre pour éloigner d'eux tout sujet de mésintelligence, pour leur indiquer ceux de leurs voisins qu'il peut leur être bon de fréquenter, quel emploi il convient de faire de l'argent qu'il envoie à l'approche de la mauvaise saison. La géométrie n'avait pas desséché ce cœur-là.

Ses disciples se montrèrent reconnaissans envers sa mémoire. Une souscription proposée pour lui élever un monument au cimetière du père Lachaise, près de Méhul et de Grétry, fut remplie sur-le-champ. Dix jours avant sa mort, le *Courrier Français* m'avait envoyé à Poitiers pour recueillir les débats du procès de la conspiration de Berton : à mon retour les fonds étaient faits et la souscription close. Un dédommagement m'a été offert en 1828. Le père et la mère de Galin avaient placé en viager leur petit capital chez un parent qui ne leur en payait pas la rente ; ils vivaient à Bordeaux dans la plus grande gêne. Je fus assez heureux, dans une séance publique de mon cours, pour provoquer la sympathie de mes auditeurs en faveur de ces pauvres vieillards, et un secours de six cents francs apporta quelque soulagement à la détresse et à l'affliction de M. Galin père. Sa femme était morte le jour même de ma séance.

Galin ne croyait pas devoir consacrer moins de dix années à son traité élémentaire de musique. A peine ses yeux étaient-ils fermés depuis quelques mois, qu'il en était de son héritage comme de l'empire d'Alexandre. Ses lieutenans entrèrent bientôt en guerre les uns contre les autres, et pour ne pas être gagnés de vîtesse, se hâtèrent de publier à l'envi des développemens qui durent se ressentir de cette précipitation. Ph. de Geslin, qui ne vit plus aujourd'hui, est le seul dont il me soit permis de parler en toute liberté. Les deux ouvrages qu'il publia sur la méthode étaient plus faits pour la compromettre que pour en assurer le triomphe. Rempli de la plus ridicule suffisance, il exploita avec habileté une sorte d'homonymie, et le maître, victime d'une consonnance, s'est vu plus d'une fois confondu par une juste critique avec le maladroit apologiste de sa doctrine. M. Mainebeau, l'ami de Galin, est mort depuis six ans.

Ma position est trop délicate vis-à-vis de MM. Lemoine et Jue, pour qu'il me soit permis de porter ici un jugement sur leur influence comme continuateurs de l'œuvre de Galin. Les motifs qui m'ont porté à me jeter dans le même enseignement qu'eux, trouveraient peut-être des incrédules malgré leur réalité. Toutefois, je dirai que, sauf M. Maldan de Limoges, qui, sans renier ses dieux, a cessé d'enseigner la méthode par des considérations tout-à-fait étrangères à un changement de croyance, M. Jue est, à mes yeux, le plus capable de tous les successeurs de Galin, et que, si la doctrine ne fait pas entre ses mains autant de progrès qu'on pourrait le désirer, ce n'est pas à son impuissance qu'il faudra s'en prendre. J'ajouterai, avec la même franchise, que j'aurais aimé à retrouver en 1834, dans sa dernière publication, la notice qu'il plaça en tête de son traité de 1823, au lieu d'être obligé de chercher dans sa *Musique apprise sans maître*, deux ou trois notes éparses, seuls passages où se trouve nommé assez légèrement le fondateur de la méthode. Dois-je ajouter que je mets l'ouvrage de 1834 bien au-dessous du premier, qu'il eût peut-être mieux valu se borner à réimprimer ?

Quoiqu'il en soit, il faut déclarer que la méthode de Galin a moins de faveur aujourd'hui qu'en 1822. Son succès, avec le maître par excellence, aurait toujours été croissant; est-il des moyens de lui rendre sa splendeur et de réduire enfin ses adversaires au silence? Je le crois et je vais les indiquer.

Il faut que chaque professeur qui acceptera la mission de la propager, se dépouille des préjugés d'une éducation antérieure; qu'il se pénètre des vues de Galin et coordonne ses idées avec la plus sévère attention; qu'il enchaîne l'une à l'autre les vérités, selon l'ordre de leur génération; qu'il ne recule devant aucun sacrifice de temps et de travail; qu'il soit prêt à avouer une erreur aussitôt qu'elle lui sera signalée, dût-il en résulter pour lui la nécessité de contracter de nouvelles habitudes. Il faut, de plus, qu'il ne brusque pas les conséquences de son enseignement par une précipitation mal entendue; que des considérations d'intérêt ne lui fassent point exposer à une appréciation incomplète des théories qui ne peuvent avoir d'autorité que quand elles ont reçu tous leurs développemens. Ainsi je condamne, comme la plus fâcheuse de toutes les innovations, le mode d'enseignement dont les souscriptions dites *pittoresques* ont donné l'idée; c'est-à-dire, ces cours dont on peut prendre à volonté vingt leçons, aussi bien que cent, comme on interrompt, quand on veut, son abonnement à un journal. En fait d'études, si le résultat complet est supposé égal à 100, la moitié de l'enseignement ne donne pas 50, le tiers 33, le quart 25, etc. Souvent toute fraction est égale à zéro, et représente la même nullité d'avantages qu'une opération chimique interrompue avant le temps voulu pour la formation du produit.

C'est à cette déplorable manière de procéder que sont dûs tant d'exemples spécieux opposés par les adversaires du système de Galin. Il leur suffit qu'un de ces auditeurs *à la passade* ait traversé quelques jours d'explications, pour que, s'autorisant de ce fait, ils le regardent comme représentant tout ce que la méthode peut offrir de satisfaisant. Je voudrais donc qu'on sût renoncer à tout élève qui ne se présente pas comme voulant suivre un cours entier. Le maître retrouverait en bonne renommée ce qu'il perdrait d'un autre côté. Voilà ce qu'un homme de conscience doit aux autres et à lui-même.

Il aura besoin aussi d'une grande force morale, pour ne pas se laisser détourner de sa route par les attaques de l'ignorance et de la mauvaise foi. Qu'il ne perde pas de temps en disputes oiseuses, qu'il réponde par les résultats de son enseignement, et qu'il sache bien qu'il y a des esprits assez mal inspirés pour nier l'évidence des faits les mieux constatés, quand leur intérêt ou leur amour-propre ont quelque chose à craindre de la manifestation d'une vérité nouvelle. L'opposition à celle que Galin a mise en lumière doit être d'autant plus opiniâtre, que la statistique intellectuelle des hommes livrés à l'enseignement ordinaire de la musique vocale proprement dite, ou du solfège, présente moins d'exemples d'une éducation un peu complète. A part quelques exceptions peu nombreuses, et d'autant plus honorables qu'elles sont plus rares, y a-t-il rien de moins lettré que l'immense majorité des personnes qui font de l'enseignement musical leur moyen d'existence? C'est un malheur que je suis loin de leur reprocher; mais si la musique présente des phénomèmes dont le développement et l'explication dépendent de connaissances étrangères à cet art, ne serait-il pas désirable que les maîtres de musique restassent moins étrangers à tout ce qui n'est pas leur spécialité? Combien de considération ne remplacerait pas alors le peu d'estime qu'on fait de leur profession?

Après de longs jours d'épreuves, la théorie de Galin sera certainement adoptée; alors que pensera-t-on d'un article que le nom de son auteur m'engage à rapporter ici textuellement?

« Il est une méthode qui a eu un moment de vogue, » c'est celle du Méloplaste. Elle consiste à faire disparaître « tous les signes de la musique, pour ne montrer » aux élèves qu'une portée de cinq lignes sur laquelle » la baguette du professeur se promène en mesure pour » représenter une notation volante qui sert de guide à la » voix de l'étudiant. Les avantages de cette méthode sont » illusoires, car il faut bien finir par montrer cette nota- » tion dont on a fait un mystère, et tel qui se croyait ins- » truit dans la musique, et à la fin de ses études, s'aper- » çoit qu'il ne sait rien, et que les plus grandes difficultés » restent à vaincre. »

« On m'a présenté quelques jeunes gens comme les » prodiges de l'enseignement du Méloplaste; aucun d'eux » n'a pu soutenir l'examen que je lui ai fait subir; aucun » ne savait la musique.

« L'enseignement du Méloplaste est le seul que je rejette, » parce qu'il est le seul dont la base soit fausse.......

Signé Fétis.

(*Voir la* Revue *musicale*, 7ᵉ *année*, *n*°. 33, *du Samedi* 14 *Septembre* 1833).

On se demandera peut-être si M. Fétis n'a pas cru connaître la *méthode*, quand *il n'a vu que le tableau*, et peut-être ne saura-t-on pas dans ce temps-là qu'il a existé un livre que, certes, Galin n'aurait pas écrit: la *Musique à la portée de tout le monde*, dans lequel M. Fétis dit, en termes formels, que les signes de la musique sont arrivés à un *degré de perfection relative très-satisfaisant.* Pour moi, j'affirme, sans craindre de me tromper, que M. Fétis n'a jamais lu le livre de Galin ; qu'il a parlé de la doctrine sans la comprendre, et qu'il crée de son autorité privée, pour le besoin de sa discussion, ces *prodiges de science* qui ne savaient rien ; aussi, en attendant que j'examine ailleurs cet article, je le mets en regard de la méthode exposée par son inventeur. Qu'on le relise, après avoir étudié et appliqué le système : on arrivera, j'en suis sûr, à cette conséquence, que la manière la plus logique dont M. Fétis devait rendre le fond de sa pensée, est celle-ci :

« L'enseignement du Méloplaste est le seul que je *rejette*,
» parce qu'il est le seul dont la base soit VRAIE. »

Lyon, le 20 Février 1835.

Aimé Paris

TABLE DES CHAPITRES.

FIN DE LA TABLE DES CHAPITRES.

Nota. La figure 7 *bis* se rapporte à la page 43, avant-dernière ligne.

La figure 12 s'applique à la page 46, ligne 5.

Page 105 à la note, lisez *figure* 63 au lieu de *figure* 62.

Page 126, ligne 16, lisez *figure* 63 *bis*.

EXPOSITION

D'UNE

NOUVELLE MÉTHODE

POUR

L'ENSEIGNEMENT DE LA MUSIQUE.

Préliminaire.

QUAND je travaillais à créer une Méthode d'enseignement pour la musique, parce qu'il n'en existe point, j'étais loin de présumer qu'elle acquerrait quelque importance; encore moins que je me trouverais engagé moi-même dans ce genre d'instruction où paraissent avoir si peu de part les sciences exactes dont je me suis toujours occupé.

Toutes mes vues aboutissaient à composer un *Traité élémentaire* de musique, une exposition vraiment analytique des principes de cet art, qui pût servir aux maîtres à réformer eux-mêmes leur mode d'enseignement, vicieux sous tant de rapports; mais, comme je ne m'abusais point sur la difficulté qu'il y aurait à le leur faire agréer, quel que pût être d'ailleurs son mérite que je ne m'exagérais pas non plus, je n'y ai travaillé que faiblement, m'y mettant quelquefois avec ardeur, comme s'il devait être grandement utile, et bientôt l'abandonnant, découragé par l'dée que ma faible voix ne serait pas entendue.

Je raisonnais en moi-même : un Traité élémentaire sur la musique, disais-je, est un livre inconnu aux bibliothèques. Ainsi, par ce titre que voudra-t-on entendre? des solféges, sans doute, tels qu'il en existe à foison. Cependant, j'y traiterai la musique à la manière des sciences exactes, par la méthode de déduction; je pourrai être entendu des savans. Mais qu'importe que je le sois d'eux? les savans ne font pas autorité en musique.

La musique renferme pourtant une science, disais-je encore, puisqu'elle est un art soumis à des lois physiques qu'il ne faut qu'observer et recueillir pour en composer un corps de doctrine. Oui, sans doute, il y a une science dans la musique, et une science de laquelle l'art doit dépendre; mais ne prendra-t-on pas cela pour un paradoxe? A la vérité, M. de Destutt-Tracy, dans sa logique, a dit formellement qu'*un art dépend toujours d'une science; que c'est la science qu'il faut créer pour procéder avec méthode, et qu'ensuite on en tirera facilement des conséquences utiles pour la pratique*. M. de Tracy a bien eu raison de le dire, même en termes généraux; mais, si je le répète en termes particuliers pour la musique, ne dois-je pas craindre d'être contredit?

Dans bien des momens de pareilles réflexions, j'aurais volontiers livré mes idées à quelque musicien de renom, qui aurait eu plus que moi le crédit de les faire valoir ; car j'avais toujours devant les yeux les peines infinies que se donnent ceux qui veulent apprendre un peu de musique, et je sentais la possibilité de les faire finir.

D'un autre côté, en considérant le grand nombre de livres qu'on a écrit sur cet art ; en voyant que tous traitent de l'harmonie et supposent des idées acquises en mélodie, qui ne sont exposées nulle part, j'avoue que je me défiais beaucoup de mes idées préliminaires, parce que je n'en pouvais pas concilier l'importance avec le peu de cas qu'on en paraît faire généralement, ou avec l'oubli dans lequel on les laisse. Si elles avaient du prix, disais-je, nos grands musiciens ne les auraient-ils pas employées? ou bien peut-on croire qu'elles ne se soient pas présentées à leur esprit?

C'était pourtant l'un ou l'autre. Alors, je n'eus qu'un parti à prendre pour me déterminer ; ce fut de balancer des noms fameux en musique par des noms imposans en philosophie ; je le fis : Bacon, Descartes, Locke, Condillac, Destutt-Tracy, furent mes enseignes, et je pus me livrer à mes idées les plus chères sans scrupule et sans orgueil.

L'un me disait que le doute est le premier pas vers la vérité ; l'autre, qu'il faut se faire des idées exactes de la valeur des mots, sans quoi l'on ne voit que confusion et disputes ; celui-ci, de bien examiner l'ordre de la génération des idées, et de s'y conformer dans toute exposition de matières ; celui-là, de recueillir des faits nombreux et variés, d'examiner ce qu'ils renferment, et de n'admettre pour vrai que ce qu'on en voit sortir..... Avec de tels principes, si je les comprenais bien, la musique se présentant à mes recherches comme un champ tout neuf à défricher, pouvais-je n'y pas faire d'heureuses cultures? Tout autre que moi les eût faites de même; l'esprit du siècle est trop avancé pour que la découverte pût tarder long-temps.

Il n'était donc pas si mal-aisé de la faire; il l'était beaucoup plus pour moi de la faire recevoir, et je n'aurais jamais osé l'espérer ou l'entreprendre, si je n'avais considéré que mes propres forces; mais bientôt je vis que je devais tout attendre de l'époque seule où je me trouve heureusement placé. En effet, aujourd'hui tous les esprits sont ouverts aux vérités nouvelles, ou, si l'on veut, aux nouvelles applications d'anciennes vérités : les découvertes extraordinaires se succèdent si rapidement depuis un quart de siècle, qu'on n'ose presque plus croire à l'impossibilité d'aucune. L'amour de la vérité est devenu une vraie passion; l'ancienneté des erreurs ne les rendant pas plus respectables, on peut les attaquer sans ménagement; et personne ne se croyant plus intéressé à les défendre, chacun, dès qu'il les voit signalées, se dispose à les bien examiner. Comment la vérité ne sortirait-elle pas du concours de tant d'examens? Cette tendance générale des esprits est donc extrêmement favorable au progrès des lumières et des découvertes, en même-temps qu'elle en est la suite inévitable; d'ailleurs, elle ne peut effaroucher que l'erreur ou la mauvaise foi, qui sont deux si grands fléaux pour la société.

Ainsi, j'avais lieu de croire que mes idées seraient examinées soigneusement, si toutefois je les présentais appuyées d'un résultat utile. Il ne me fallait plus que les mettre moi-même à exécution ; c'est ce que j'ai fait avec d'autant plus d'espoir de succès, que j'avais sous les yeux un exemple encourageant: je veux parler de la révolution opérée en chimie de nos jours. Ne sait-on pas qu'elle est due à l'exacte application des mêmes principes? Qu'on lise la belle préface de Lavoisier, à la tête de ses Elémens de chimie, on y verra signalées les grandes idées de Condillac et de Bacon, comme étant le fil d'Ariadne qui doit nous tirer en tous temps du labyrinthe des erreurs.

Je déduisis donc promptement de mon système ses conséquences pratiques ; je disposai mes moyens, je les mis autour de moi en action. Le succès a répondu complètement à mon attente, et mes concitoyens ont vu avec étonnement les effets que je vais décrire.

De jeunes enfans de sept à neuf ans ont pu chanter au bout de huit mois, à livre ouvert, une classe étendue de morceaux de musique dans tous les tons, tous les modes, et à toutes les clefs ; un autre élève de l'âge de douze ans, dont, par conséquent, l'intelligence est plus affermie, a pu faire les mêmes choses au cinquième mois, et si une pièce de musique renferme de vraies difficultés ; trois ou quatre lectures consécutives les mettent tous en état de les vaincre d'eux-mêmes, et de la chanter couramment. Si je leur délivre, la veille, des parties qui leur soient inconnues d'un morceau d'ensemble, ils peuvent le lendemain exécuter cet ensemble avec pureté et correction; ils savent donc étudier seuls, sans instrument et sans maître, une musique proposée. Dans ce cas, ils ne manquent point d'en faire l'analyse, et de remarquer à la lecture les changemens de ton et de mode qui se succèdent dans le cours du morceau: mettre des paroles à un air ne leur est pas plus difficile. On conçoit, en effet, qu'ils doivent le faire aussi couramment, aussi vîte qu'ils peuvent en lire les notes; enfin, ils prennent sous la dictée, avec mesure et volubilité, toutes les notes des airs qu'on leur chante, et chaque jour ils m'apportent par écrit des airs qu'ils ont notés d'eux-mêmes, les sachant par cœur, ou qu'ils ont saisis, phrase par phrase, à ces orgues dits *de Barbarie*, qui parcourent la ville.

Les personnes qui ont vu particulièrement naître et se multiplier ces résultats, n'en étaient pas moins frappées à l'origine qu'elles l'ont été à la fin. Les progrès étaient si rapides, qu'on les mesurait distinctement d'une semaine à l'autre. Pour moi, je ne trouvais d'étonnant en tout ceci que l'étonnement même des spectateurs. Je ne réfléchissais pas que chacun ne pouvait juger ce qu'il voyait qu'avec ses propres idées, et par comparaison à ce qu'il avait vu jusqu'alors; que moi-même j'avais amené cet étonnement des esprits en cachant mes moyens à tous les yeux, quoique ce ne fût que pour me ménager l'agrément d'opérer avec tranquillité, à l'abri des critiques prématurées.

Pendant que je travaillais à Bordeaux à produire ces effets, j'adressai à Paris, à la société d'instruction élémentaire, le manuscrit contenant l'exposition de ma méthode. Je proposais à la Société de l'introduire dans ses écoles, comme étant un moyen très-économique et presqu'infaillible de rendre populaire en France la connaissance de la musique. J'accompagnais ma proposition de quelques considérations morales que je crus propres à l'appuyer. La Société répondit à mon hommage par des lettres flatteuses, où j'appris qu'elle s'était interdit jusqu'à nouvel ordre d'ajouter aucune autre branche d'étude à celles qui occupent aujourd'hui exclusivement les élèves de ses écoles. Dans le même temps, j'envoyai un Mémoire pareil au Secrétaire perpétuel de *l'Académie des sciences*.

Au surplus, il ne faut regarder l'ouvrage que je publie aujourd'hui que comme une exposition rapide de mes idées, qui manque peut-être de détails suffisans en quelques points; mais je ne pouvais pas y en mettre davantage, sans changer tout-à-fait de plan. Cependant j'espère en avoir assez dit pour être entendu de ceux qui voudront bien me lire avec réflexion. C'est dans le Traité élémentaire dont j'ai parlé, et dont je m'occuperai désormais plus sérieusement que je n'ai fait jusqu'ici, qu'on pourra trouver un corps complet de doctrine musicale. (1)

Maintenant je vais exposer avec détail les considérations particulières et les réflexions générales qui m'ont conduit insensiblement à la découverte de ma méthode, ainsi que les rapprochemens, les comparaisons que j'ai faites de la musique aux autres sciences; prévenu de cette idée, que l'esprit n'a qu'une manière de raisonner, qu'une manière de se conduire dans la recherche de la vérité, quel que soit le sujet sur lequel il s'exerce. Parmi ces considérations, il en est plusieurs, sans doute, que le lecteur aura faites aussi bien que moi; mais il est nécessaire que je les lui remette sous les yeux, pour qu'il parvienne à connaître le véritable esprit de ma méthode; car elle se compose de deux parties distinctes, dont l'une renferme les moyens matériels, et l'autre les moyens intellectuels : or, l'on sent que la première ne serait rien sans la seconde.

Il faut s'attendre aussi que je parlerai quelquefois de mes idées en opposition avec d'autres qui sont

---

(1) Galin avait terminé, avant sa mort, la partie de son travail qui concernait les durées. Je lui demandais un jour pourquoi il n'avait pas commencé par rédiger ce qui s'applique à l'intonation. « Eh ! mon ami, me dit-il, si je laisse » incomplète cette portion, *ils* ne la feront pas. » De qui voulait-il parler ?.... Quoiqu'il en soit, ses manuscrits n'ont pas été publiés, et ces précieux matériaux dorment enfouis chez un possesseur qui, sans doute, n'en connaît pas toute l'importance. (A. P.)

généralement répandues sur le sujet que je traite; car comment pourrais-je en parler autrement ? On doit présumer que si je présente une méthode nouvelle, c'est parce que je la crois meilleure que celle dont on se sert : je dois donc tâcher de faire sentir les avantages de l'une et les défauts de de l'autre. Après cela, c'est au lecteur à se tenir sur ses gardes, s'il me soupçonne d'erreur ou de mauvaise foi : et pourvu que la modération règne dans mes critiques, je ne suis plus comptable des impressions qu'elles peuvent produire.

Considérations Générales.

Uue chose qui étonne tous les jours les observateurs, c'est de voir que, dans le grand nombre de ceux qui ont appris la musique, il s'en trouve si peu qui sachent la lire de vive voix. La plupart ont besoin d'interroger leur violon, leur piano, leur flûte, pour déchiffrer la romance nouvelle ; et c'est en effet l'instrument qui la lit pour eux. C'est comme si l'on se servait, pour lire toutes sortes de livres, de quelques machines propres à cet effet, dont on apprendrait à jouer en négligeant le moyen si expéditif de la parole.

Voilà des idées qui font un singulier trajet : la vue des signes écrits fait agiter les doigts, les doigts excitent l'instrument, et l'instrument prononce la pensée. Mais pourquoi la vue des signes ne dit-elle directement rien à l'esprit du lecteur? C'est dit-on, qu'il ne sait pas la musique vocale. On le voit bien. Mais n'est-ce pas par elle qu'il lui eût fallu commencer.... ou finir? et que résulte-t-il de ne l'avoir mis qu'au point où il est? Il en résulte, ce dont se plaignent tous les jours les maîtres, qu'un tel lecteur ne sait pas phraser la musique, qu'il ne sait pas quand il quitte un ton ou un mode, ni quand il y rentre: car, après tout, l'instrument ne fait que des notes; et, pour qu'il fasse autre chose, c'est à l'esprit à le diriger: or, pour cela, il faut savoir la musique vocale, c'est-à-dire, la musique promptement dite.

En effet, qu'est-ce que la musique, sinon l'art de parler, de lire et d'écrire le chant? sinon une langue dans laquelle, ainsi que dans toutes, des idées (ce sont les airs) sont attachées à des signes institués pour les rappeler à l'esprit? Ces signes sont ou articulés, comme les mots *ut*, *ré*, *mi*...., ou écrits, n'importe de quelle manière; mais tant que celui qui les considère ne sent pas se réveiller en lui d'idées mélodieuses, et que réciproquement des idées qu'il entend exprimer ne lui rappellent pas leurs signes, on est fondé à dire qu'il ne connaît pas cette langue.

On confond trop souvent l'artiste avec le musicien. Ce sont deux choses toutes différentes; on peut être l'un sans l'autre, et la voix n'a, à cet égard, aucun privilége; elle a besoin d'être cultivée comme tout autre instrument. On peut, en sachant bien la musique, ne pas posséder les qualités qu'exige une agréable exécution ; comme on peut, en ne la sachant pas, avoir une voix très-souple, très-sonore, et beaucoup de goût ; et c'est un préjugé de croire qu'il n'y ait que de belles voix qui soient capables d'apprendre la musique vocale : toute voix en est capable, dès qu'elle chante juste la gamme, ou seulement une moitié de gamme, c'est-à-dire, le premier tétracorde ou le second, car ils se ressemblent exactement.

La voix se distingue entre les instrumens comme en étant un dont tout le monde sait jouer ; par cette raison, il doit être antérieur aux autres dans une étude un peu bien ordonnée ; et, comme chacun le porte avec soi, c'est celui qui est susceptible de la plus grande perfection, parce qu'on y peut faire le plus d'exercice. De combien de sentimens de l'ame n'est-il pas l'interprête, et dans quelles classes de la société, dans quelles situations de la vie n'est-il pas mis en jeu? C'est donc celui qui doit commander à tous. Il est le moyen immédiat que la nature nous donne pour exprimer nos idées et pour en rappeler le souvenir ; il en est le premier signe, et c'est toujours à lui qu'elles se rapportent, par lui qu'elles se réveillent. Savoir un air, par exemple, c'est le savoir chanter, sans parler du bien ni du mieux. Le compositeur qui écrit ses pensées, plume courante, ne va pas en chercher les signes à tous les instrumens pour lesquels il écrit ; c'est sa voix seule qui le dirige, comme il nous arrive à nous-mêmes quand nous écrivons une lettre (1). Ainsi, puisqu'il en faut revenir à la musique vocale, dès qu'il s'agit d'écrire la musique, mieux valait commencer par elle. Il fallait donc, premièrement, mettre les signes écrits en rapport avec les sons de la voix, non avec les trous, les touches, les cordes des instrumens. La science du musicien est donc dans la musique vocale avant toute autre ; c'est-à-dire, qu'elle est dans la *musique*, ce qui est assez évident.

Si l'on trouve peu de personnes en état de lire oralement la musique, on en voit bien moins qui soient en état de l'écrire, c'est-à-dire, d'écrire un chant sous la dictée d'un instrument, sans être obligées de faire au leur la même interrogation phrase par phrase. Aussi peut-on dire que le talent de celles qui atteignent à ce degré n'est pas tant le produit des méthodes d'enseignement, que celui de l'heureuse organisation et du travail de l'individu.

Quand on réfléchit qu'il n'est presque personne qui ne chante des poésies légères, personne qui ne retienne aisément en mémoire des airs même difficiles, on s'étonne que la musique ne soit pas plus généralement connue, dans la juste acception de ce mot; on se demande comment il se fait

---

(1) Nous lisons et nous écrivons des yeux ; mais il est prouvé qu'alors la parole sert d'intermédiaire tacite, et que nous prononçons tout bas les mots que nous voyons. Même les personnes qui ont peu d'habitude sont obligées de faire un petit mouvement des lèvres. (Voyez là - dessus MM. DESTUTT-TRACY, CONDILLAC, etc.)

qu'on apprenne en trois ou quatre ans les mathématiques, en six ou huit ans le latin, les lettres, l'histoire, et que dans le même temps on ne sache pas suffisamment la musique. Mais quand on compare le grand nombre de ceux qui l'ont apprise au petit nombre de ceux qui parviennent à la savoir, alors on est effrayé de la disproportion, et l'on en veut connaître la cause; vainement on la chercherait dans la différence des esprits, il me serait aisé de démontrer qu'elle n'y est point : il la faut donc chercher dans les moyens d'instruction.

Or, en toute autre étude, on a deux moyens de s'instruire : les maîtres et les livres; mais en musique, c'est différent : on est dénué du second moyen, et, pour ainsi dire, réduit au premier. Un Traité élémentaire de musique, une simple exposition analytique des principes de cet art, qui soit puisée dans l'observation de la pure pratique, est un ouvrage encore à naître; car je ne pense pas qu'on prenne pour des expositions analytiques nos solféges, nos méthodes vocales et instrumentales, qui ne présentent rien à l'esprit que de la musique à lire. On ne les regarde, sans doute, que comme des collections de phrases, de passages, d'exercices enfin pour délier les doigts ou le gosier; j'entends, par une exposition analytique, un livre tel qu'un homme de sens pût y apprendre la musique tout seul, s'il y était condamné, et que, tous nos musiciens venant à se perdre dans une nuit, leur art ne fût pas néanmoins perdu pour le genre humain.

Cependant, pourrait-on dire, n'est-ce pas par ces méthodes qu'ont été formés nos grands musiciens? Non, répondrai-je, ce n'est point par elles, c'est malgré elles. Tout homme lancé dans une fausse route, et qui s'en aperçoit, se hâte d'abord d'en sortir ; mais l'on aurait tort de dire ensuite que c'est par elle, puisqu'il y est entré, qu'il arrive à son terme. De même, l'homme de génie, entravé par les préjugés d'une fausse éducation, s'en débarrasse bientôt ; il régénère ses idées sur un plan qu'il est seul capable de concevoir. C'est ainsi que se sont formés nos grands musiciens; c'est ainsi que se sont formés nos grands hommes de tout genre. Le mal est pour nous que ces génies élevés n'aient pas voulu prendre la peine de nous développer leur plan de réforme, soit qu'ils y attachassent trop ou trop peu de prix; nous saurions aujourd'hui probablement des choses qui feront à l'avenir la matière de bien des découvertes.

Esprit de la Méthode.

Il est singulier que l'on ait toujours commencé ce genre d'enseignement par parler aux yeux de l'élève, au lieu de parler plutôt à ses oreilles ; il semble, en effet, qu'on devrait lui enseigner le langage oral de la musique avant de lui en enseigner le langage écrit. Par exemple, on ne s'avise pas d'apprendre à parler à un enfant par le moyen de la lecture, et de lui mettre un livre sous les yeux pour l'instruire à prononcer des paroles; c'est néanmoins ce que l'on fait ici : on fait chanter l'élève sur le livre, on le fait *lire* avant qu'il sache solfier en chantant ou qu'il sache *parler*. Dira-t-on qu'on lui apprend ainsi l'un et l'autre à la fois? Mais l'expérience dément cette assertion; car on voit trop peu d'élèves qui, sortant des mains de maîtres, sachent parler la musique, c'est-à-dire, chanter par cœur des airs sur les syllabes de la gamme, aussi aisément que sur les syllabes d'un couplet.

Prenons un autre exemple. Croit-on qu'on enseignerait la numération à un enfant en lui mettant des chiffres à lire sous les yeux, si déjà il ne connaissait au juste la signification des noms que portent ces chiffres? Non, sans doute; il ne parviendrait de cette manière qu'à articuler, à la vue de ces signes, des mots constamment les mêmes et différemment combinés, mais dont il ne sentirait point la valeur, qui est le rapport de ces mots aux choses extérieures. Ainsi, par exemple, vainement une collection d'objets s'offrirait à sa vue, il ne saurait pas la compter; c'est-à-dire, déterminer le nom qui lui convient dans la nomenclature des nombres.

C'est exactement ce qui se passe en musique. Les chiffres dont je parle sont les notes écrites dans les portées; ces notes ont des noms *ut*, *ré*, *mi*..... qui ne présentent aucune idée à l'élève qui commence. Or, on ne lui enseigne à rapporter ces noms qu'aux signes écrits, et point aux sons extérieurs qui viennent frapper son oreille sous diverses propriétés ; il en résulte que l'élève, après trois ou quatre années d'une étude si stérile, écoutant chanter un air, il lui est impossible d'en dénommer les sons dans l'ordre où ils se succèdent, parce que la valeur des mots *ut*, *ré*, *mi*..... n'est pas encore déterminée dans son esprit, et qu'il ne peut les rapporter à rien de ce qu'il entend, quoiqu'il soupçonne peut-être qu'ils furent faits pour cela. Et remarquez aussi que la même cause doit l'empêcher de lire un air écrit ; car il est incontestable que nous ne savons lire que par l'intermède de la parole.

Serait-il donc difficile d'établir entre ces noms et les idées qu'ils désignent une liaison si forte, si durable dans l'esprit de l'élève, que toujours le nom appelât subitement l'idée, et toujours l'idée subitement le nom ?..... J'en imagine un moyen.

En effet, rien n'est si ordinaire que de voir les enfans chanter par cœur une foule de chansons qu'ils apprennent d'eux-mêmes : qu'on substitue les notes articulées de la gamme aux paroles inutiles de ces couplets, et l'on aura des enfans musiciens qui n'auront pas songé à le devenir. Comment s'opérera ce prodige ? Le voici : en voyant tous les airs possibles ramenés à un ton unique et exprimés avec sept noms continuellement répétés, il faudra bien qu'ils attribuent le retour des mêmes mots au retour des mêmes idées ; ils en feront la comparaison dans leur esprit, et bientôt, en entendant un air quelconque, ils sauront en dénommer tous les sons; ils sauront le solfier. Qu'y a-t il là de plus difficile pour eux que d'apprendre la valeur des mots de leur langue maternelle? Certes, on ne leur a pas défini ces mots pour les leur apprendre; on eût été trop embarrassé de le faire. Mais ils ont vu dans quelles circonstances ils sont employés; ils les ont remarquées, et il n'en fallait pas davantage.

Il est nécessaire de s'arrêter sur cette idée, et de s'assurer que ce n'est pas par des définitions que nous apprenons la valeur des mots; mais par l'analyse continuelle des circonstances dans lesquelles nous les voyons employés.

D'abord, les sensations sont les premiers matériaux de nos connaissances; elles deviennent des idées quand nous les éprouvons, comme souvenirs en l'absence des objets qui les ont causées; elles subissent dans nos têtes, comme dans un creuset de chimiste, diverses opérations qui sont des analyses et des synthèses perpétuelles. Elles y sont soumises à l'action d'un agent puissant qui les rapproche et les compare; et cette faculté qu'a notre esprit de les comparer n'est autre chose que celle d'apercevoir entr'elles des ressemblances et des différences. C'est là-dedans que rentre la faculté d'abstraire; ainsi, tout se réduit à la comparaison de nos idées, tout dépend d'elle en dernier résultat. Voyons-en des exemples.

Chacun sait que les enfans n'écoutent pas les longs discours; c'est parce qu'à leur âge ils ne les peuvent pas comprendre. C'est beaucoup qu'ils arrêtent leur attention sur de petites phrases ; mais c'est ce qu'ils font, parce que leurs besoins les y ramènent sans cesse. On imagine aisément comment ils apprennent la valeur de l'espèce de mots qu'on nomme des substantifs physiques. Ce n'est pas pourtant sans analyses qu'ils y parviennent ; car, lorsque je fais passer sous les yeux d'un enfant, en prononçant leurs noms, une boîte, une montre, une chaise, l'idée qu'il prend de ces mots est composée de celle de la chose et de celle de ma personne, et des actions que j'ai faites tenant ces objets, et des situations que j'ai prises, etc., etc. Ce n'est que quand il a vu varier ces diverses circonstances hors la première, qui est la chose dénommée, et hors le nom de cette chose, qu'il a dû rapporter à la sensation de l'objet l'articulation du mot.

Mais prenons-le au-delà de ce point, et voyons comment il apprend la valeur des autres espèces de mots abstraits, des pronoms, des prépositions, des verbes, etc.

Premièrement, il remarque des phrases formant un sens complet, phrases qui, lorsqu'on les lui fit entendre, furent toujours accompagnées de l'action, de la situation, enfin de la sensation qu'elles signifient, et que l'enfant éprouvait à l'instant même de l'audition ; il se forma donc ainsi dans son esprit une liaison, une association durable entre le signe et la chose signifiée. Mais croit-on qu'il s'apercevait au même moment que la phrase fût composée de divers mots, et les mots de syllabes distinctes ? Il s'en faut bien : la phrase n'était pour lui qu'un tout continu où il ne remarquait point de parties; c'était un fil parfaitement uni, glissant sur le nerf auditif d'un mouvement uniforme, et dont aucun nœud n'interrompait la vîtesse égale. L'idée aussi n'était qu'une masse à ses yeux : *Pierre marche*, *le chapeau est sur la table*, ne lui parurent d'abord qu'un tout sans distinction de parties, ni dans la phrase, ni dans l'idée qu'elle représente : bientôt il en fit l'analyse.

A une certaine époque il connaissait, je suppose, ces deux phrases : *Pierre marche*, *Paul marche*. Il les compara ; il reconnut leur ressemblance à l'égard du mot *marche*, qui leur est commun, et leur différence à l'égard des mots *Pierre* et *Paul;* et comme il compara en même-temps les idées que ces mots expriment et auxquelles ils sont liés, il en reconnut aussi la ressemblance dans l'action de marcher, et la différence dans les individus qui faisaient cette action. Dans un autre temps, il compara l'une des phrases précédentes à celle-ci, qui lui était nouvelle : *Pierre parle*. La différence des mots *parle* et *marche*, et celle des actions signifiées par ces mots, lui fit voir à quelle idée correspondait le mot *parle;* ce qui lui fut encore confirmé par la comparaison des phrases précédentes à cette autre : *Paul parle*, et par toutes ses comparaisons ultérieures. On verrait de la même manière comment il acquit la valeur des mots *dans*, *sur*, etc. Ce fut, je suppose, par la comparaison de ces phrases-ci et des sensations auxquelles elles répondent : ***chapeau sur table, chapeau sur chaise, montre sur table, montre dans boîte, montre dans armoire, chapeau dans armoire***, etc., etc.

Concluons qu'il n'est pas d'idée, si abstraite qu'elle soit, si éloignée du contact immédiat de nos sens, qui n'ait été acquise par ce procédé; poursuivons-en l'application en musique.

Je suppose, comme je l'ai dit plus haut, qu'un enfant ait dans sa tête un certain nombre d'airs qu'il a retenus, attachés aux syllabes de la gamme; voyons ce qui se passera dans son esprit. D'abord, ces airs lui étant devenus familiers, les phrases lui en reviendront souvent à la bouche tronquées et en désordre; il en fera la comparaison en mille manières. Il s'en trouvera deux, par exemple, qui auront des sons communs, et par conséquent les mêmes mots pour désigner ces sons : cette remarque ne pourra lui échapper. Supposons qu'il l'ait faite sur ces deux phrases, l'une de l'Amour filial, l'autre de Richard Cœur-de-lion :

Jeu-nes a-mans,
sol ut mi sol ut

O Ri-chard, ô mon Roi!
sol sol ut mi sol ut

Il sentira pourtant que ces phrases ne se ressemblent pas en tous points; mais comme il ne verra rien dans l'intonation qui les différencie, il sera forcé de reconnaître que c'est par la durée des sons que l'une se distingue de l'autre. Il réitérera ses comparaisons sur d'autres phrases; il arrivera aux mêmes conséquences. Dès-lors, il s'élèvera tout seul à ce principe : que les mots *sol*, *ut*, *si*, *ré*, etc., se rapportent à des inflexions différentes de la voix, et nullement aux diverses durées des sons. Il voudra de suite faire l'essai de son principe; car c'est bien le sien : il me semble le voir transporté du plaisir de l'avoir découvert, et, dans l'impatience de se le confirmer, faire un nouvel assortiment des sons qui entrent dans les phrases qu'il a comparées, les chanter sous les mêmes noms, dans le même ordre de succession, mais sous des durées différentes, et demander à tous ceux qui l'entourent, s'il ne nomme pas bien les sons qu'il fait entendre.

Ce premier pas était pour lui le plus difficile à faire; il lui fallait séparer deux idées qu'il avait jusqu'alors confondues, en attribuant à chaque mot *sol ut mi*, etc., la double propriété de désigner et l'intonation et la durée du son. Désormais dégagé de cette entrave, ses comparaisons, devenues plus faciles, vont se multiplier indéfiniment. Bientôt il connaîtra au juste la vraie propriété des mêmes mots; il les combinera au hasard; il en fera lui-même des phrases auxquelles il ne manquera peut-être que d'une certaine mesure pour être agréables.

Mais voyons de plus près quelle idée il se sera faite des syllabes de la gamme. Ces syllabes lui rappelleront-elles chacune un son fixe, une intenation déterminée? Sa glotte se sera-t-elle disposée comme un piano qui ne peut sonner un *fa* qu'au degré que donne telle touche, et au ton où l'on a monté l'instrument ? Non, il n'en sera pas ainsi : un *fa*, un *sol*, ne seront pas pour lui des qualités absolues comme le *vert* ou le *rouge*. Ce seront des qualités relatives au ton qu'il voudra prendre pour chanter. Donnez-lui un *ut* arbitraire, ou bien qu'il le prenne de lui même, comme c'est sa coutume, et de suite il vous exprimera le *fa* de cet *ut*, le *sol* de cet *ut*, non le *fa* et le *sol* de tel piano : un autre *ut* appellera dans sa pensée un autre *fa*, un autre *sol*. Proprement il est encore plus avancé qu'on n'imaginait, il s'est élevé jusqu'aux idées générales de *tonique*, de *médiante*, de *dominante*, de *sensible*, etc., et ce sont vraiment ces idées qu'il entend désigner par les noms *ut*, *mi*, *sol*, *si*, etc. Comment donc a-t-il généralisé jusques-là? Très-facilement : le voici. J'ai dit que j'avais ramené à un même ton tous les airs que je lui enseignais ; ce n'est pas à dire qu'il les ait tous chantés sur le même ton, on sent que la chose lui aura été souvent impossible; mais c'est-à-dire qu'il en a toujours dénommé les sons comme si le ton fût resté le même, et tel, par exemple, que celui d'*ut* naturel. Par-là, je l'ai empêché d'attacher au nom d'*ut* l'idée d'aucun son déterminé, puisque souvent il aura eu besoin de changer d'*ut* en changeant d'air, que souvent aussi il aura changé d'*ut* sans nécessité, et que d'autres fois il aura changé d'air sans changer d'*ut*. D'où il arrive qu'il n'a pu lier ces noms qu'à des *intervalles* de sons et non à des sons fixes. Ne lui demandez donc pas de vous chanter un *sol* isolément, il ne saurait ce que vous voulez dire, ou bien il supposerait d'abord un *ut* pour terme de comparaison ; mais demandez-lui de vous chanter deux ou plusieurs sons dans un ordre que vous déterminerez vous-même : *sol*, *mi*, *sol*, *ré*, *la*, *fa*, *ré*, *si*, *ut;* comme tous ces intervalles sont bien gravés dans sa tête, tant majeurs que mineurs, il n'en manquera pas un.

Ce serait une grande absurdité que de vouloir que l'élève attachât aux notes de la gamme l'idée d'un degré de son invariable, parce que, dirait-on, ils se rapportent à des touches déterminées du clavier ; comme si c'est une chose à pouvoir retenir en mémoire que la gravité absolue d'un son ; comme si nous pouvions retenir exactement autre chose que les degrés relatifs de gravité appelés intervalles ; et comme si ce n'était pas là aussi le point essentiel, celui qui nous fait reconnaître un air pour *même* en divers temps et en diverses bouches, le seul enfin par où la musique puisse être écrite et lue. Et où est, dans la nature, ce degré fixe d'intonation auquel on voudrait ramener la lecture de la musique ? Est-il dans la voix humaine soumise à toutes les influences de l'atmosphère ? Est-il dans les instrumens soumis aux mêmes influences, et encore au caprice de ceux qui les accordent ? Tous les instrumens du monde sont-ils montés au même ton ? Et quand on parle du ton de *sol*, par exemple, l'entend-on à la chapelle comme à l'opéra, à la capitale comme en province, en France comme en Italie? S'il n'en est pas ainsi, pourquoi vouloir mettre dans la tête des élèves une idée vague de son fixe, dont ils ne retirent d'ailleurs aucun profit pour l'exécution? Car les musiciens savent bien que ce n'est pas sur cette idée qu'ils se règlent eux-mêmes pour lire la musique; c'est sur la relation des notes dans chaque ton. C'est donc cette relation qu'il faut faire connaître aux élèves; or, pour qu'ils la connaissent dans tous les tons, il suffit qu'ils la sachent bien dans un seul qui soit le type originaire des autres. D'un ton à un autre, il n'y a rien de changé que les noms des notes; mais les rapports demeurent les mêmes, et quand on songe à la facilité qu'il y a pour tout le monde de transporter un air connu sur des paroles nouvelles, on conçoit de même qu'il est facile de transporter un ton connu sur un autre ton, pour en dénommer les notes différemment.

Il est si peu vrai qu'on lise une à une les notes de la musique comme les syllabes du discours, et qu'on attache à chacune d'elles une idée absolue de son fixe, comme on attache aux syllabes une idée fixe d'articulation de voix; qu'il n'est pas de chanteur, quelqu'habile qu'on le suppose, qui soit capable d'exécuter des passages *enharmoniques*, c'est-à-dire, par exemple, des phrases où se trouveraient consécutivement un *la* dièze et un *si* bémol. Or, qu'on ne croie pas que la difficulté de cette intonation vienne du manque de souplesse de la voix pour exprimer un si petit intervalle, car, en renversant l'intervalle et le ramenant à l'état de septième où l'on ne peut plus dire qu'il soit trop petit, la difficulté reste néanmoins la même ; c'est parce qu'elle consiste toute entière à rapprocher les idées de deux tons que les lois de la modulation rendent extrêmement éloignés, et auxquels appartiennent les deux sons qu'on voudrait faire entendre. Mais, sans chercher si loin des exemples, ne sait-on pas qu'il est impossible d'entonner l'un sur l'autre deux demi-tons mineurs, comme les offrirait ce passage : *la* bémol — *la*—*la* dièze, quoique pourtant il soit aisé d'entonner deux demi-tons majeurs de suite, comme sol dièze — *la*—*si* bémol? Et si l'on veut ne considérer qu'un seul demi-ton mineur *la*—*la* dièze, quoiqu'il ne soit pas impossible de l'entonner posément accompagné d'un *si* naturel, ne sait-on pas néanmoins qu'il est impossible de s'y arrêter et d'y faire une batterie comme on la ferait sans peine sur le demi-ton majeur *la*—*si* bémol? Que conclure de toutes ces circonstances réunies, sinon que les signes de la musique ne sont pas faits pour rappeler des sons fixes à l'esprit du lecteur, et qu'il ne peuvent lui représenter que des rapports.

Quoiqu'il en soit, voilà donc, par l'effet de la méthode que j'ai décrite, des enfans sachant solfier en chantant, c'est-à-dire, sachant *parler* la musique sans avoir jamais eu une note sous les yeux, sans savoir ce que c'est qu'une clef, qu'une blanche, qu'une noire, qu'un demi-ton; or, je dis qu'alors ils savent la *lire* et *l'écrire* du moins à l'égard de l'intonation). Cela n'est-il pas évident, s'ils savent tracer des caractères avec la plume ? Voici comment ils écriront, d'abord, la première reprise de l'air de *Gabrielle*, par exemple :

sol sol ut si la sol ut ut mi sol mi ut ré ut.

Si ce n'est pas là tout-à-fait la notation de cet air, on conviendra qu'il s'en faut bien peu, et qu'il sera facile de perfectionner cette ébauche, en leur faisant remarquer qu'il y entre des sons aigus et graves qui portent le même nom, et des sons d'inégales durées que rien ne distingue à la vue. Ce sera alors le lieu de leur apprendre à distinguer dans l'écriture les diverses octaves d'un son par des points marqués au-dessus ou au-dessous du mot qui le représente ; puis de leur faire séparer sur les signes comme elles le sont dans l'esprit, les durées égales appelées *temps*, qui sont composées tantôt d'un son unique ou d'une prolongation de son, tantôt de plusieurs sons brefs réunis ou entremêlés de silences. Enfin, ils apprendront bientôt à former des *mesures* par un nombre égal de temps, soit de deux ou trois ou quatre ; alors ils écriront de cette manière, très-claire et très-correcte, la la même idée.

|| *sol sol ut* | *si la sol* | *ut ut mi* | *sol sol mi* | *ut ré ré* | *ut ut ut* ||

Qu'ensuite, pour abréger, on substitue aux mots des lettres *a b c d e f g*, ou des chiffres 1 2 3 4 5 6 7, ou des portées, ou tout ce qu'on voudra, et l'on aura ces nouvelles notations plus simples que la précédente, et tout aussi bien qu'elle entendues des élèves :

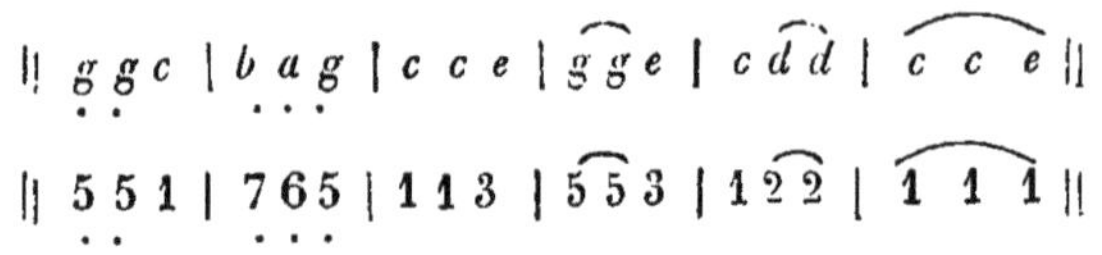

|| *g g c* | *b a g* | *c c e* | *g g e* | *c d d* | *c c e* ||

|| 5 5 1 | 7 6 5 | 1 1 3 | 5 5 3 | 1 2 2 | 1 1 1 ||

Je ne m'étends pas davantage sur ce qui concerne la notation et la mesure, parce que j'y reviendrai ailleurs, et qu'à présent je n'ai en vue que de prouver cette thèse, que l'intonation à l'aspect des signes est la principale difficulté en musique, et que cependant il est possible et même facile de l'enseigner aux commençans, quoique jusqu'à ce jour on ait mal réussi à le faire. J'espère avoir démontré ce point, et qu'il résulte de mes analyses cette conséquence singulière, mais pourtant incontestable, que le fait qui a paru le plus étonnant dans mes élèves, je veux dire cette légèreté avec laquelle ils prennent les notes des airs qu'ils entendent, et qui ne se trouve que chez les musiciens exercés ; en un mot, la facilité qu'ils ont de *parler* la musique est précisément le moyen qui fait qu'ils savent la *lire*. En effet, comment ne la liraient-ils pas, s'ils savent au juste, non par définition, mais par sensation, ce que valent les mots de *sol*, de *mi*, d'*ut*, de *fa*; s'ils voyent, pour ainsi dire, le son attaché à ces syllabes; et s'il leur est impossible d'en nommer une sans faire éclater à la fois ce son qu'elle porte avec elle? Mais essayez de leur déguiser ces noms sous de certains signes tels que vous voudrez en imaginer, qu'arrivera-t-il ? que d'abord ils chercheront des mots où vous aurez mis des signes ; qu'avec très-peu d'efforts ils vont bientôt savoir les dénommer, et que dès-lors vos signes ne seront plus pour eux que comme les mots dont ils tiennent la place ; ils n'y verront réellement que ces mots, et tout se passera, malgré vous, comme si vous aviez écrit en toutes lettres.

A la vérité, vous pouvez faire vos signes plus ou moins difficiles à nommer, plus ou moins indistincts à la vue ; les nuancer par de si légères différences, que vous les oublieriez vous-même après les avoir établies (1). Si, plus encore, il fallait faire un *calcul* pour parvenir à dénommer vos signes, si le nom de chacun était non-seulement subordonné au nom du précédent, mais encore à la position respective qu'il aurait prise à son égard ; s'il fallait continuellement décompter de l'un à l'autre plusieurs degrés intermédiaires, et pourtant franchir ces degrés d'un clin-d'œil ; et si, à ce premier calcul déjà considérable pour la nomination des notes, il en fallait joindre un

---

(1) C'est ce qui arrive infailliblement pour ces deux signes Γ ˥, dont le premier s'appelle *soupir*, et le second *demi-soupir* : et pour ces deux-ci ▔ ▁, qu'on appelle *pause* et *demi-pause*. J'oserais affirmer que le lecteur, après avoir lu vingt fois cette note, confondra encore ces deux signes, et attribuera à l'un le nom de l'autre. C'est ce qui arrive même aux musiciens ; seulement, il faut dire qu'ils n'ont pas besoin de savoir mieux les distinguer, et qu'ils ne s'en inquiètent jamais quand ils exécutent, parce qu'ils jugent facilement du vide de la mesure, en voyant qu'elle partie est occupée par des sons.

second non moins compliqué pour en découvrir la durée, alors, convenons-en, l'élève trop occupé de ce double calcul, tant qu'il ne lui est pas devenu familier, ne lira pas si vîte sur de tels signes que sur d'autres mieux choisis. Vous lui avez masqué les mots qui contiennent sa science et sur lesquels il fondait sa lecture; il les cherche dans une loi compliquée où vous les avez assujettis, et comme dans une énigme où vous les auriez renfermés; mais remarquez qu'il ne cherche point l'*idée*. S'il hésite, c'est sur le mot; non sur la chose; s'il se trompe, ce sont ses yeux qui jugent mal des distances; non son esprit qui ne peut mal juger des rapports qu'il connaît. Il vous nommera peut-être un *fa* pour un *sol*; mais si vous l'écoutez, c'est bien un *fa* qu'il chante, et point un autre son. Au reste, ses yeux ne le tromperont pas long-temps; il apprendra bientôt ce singulier calcul qui n'est pas de la science, et vous pourrez sous peu lui en proposer quelque autre qu'il apprendra de même. Ne voit-on pas que tous ces signes et tous ces calculs sont indépendans de la science musicale? que cette science existera toujours hors des signes par lesquels on en écrira les idées, et quels que soient ceux de ces signes auxquels l'usage voudra se fixer.

Si l'on disait que des enfans instruits de cette manière ne seront pas distingués plus que d'autres par une adresse étonnante à se servir de leur voix ou d'un instrument, que si jeunes ils ne seront pas *artistes* enfin, je répondrais d'abord que la méthode n'avait pas ce but; mais qu'ils seront *musiciens*, qu'ils sauront lire et écrire les idées mélodieuses, et que c'est par-là qu'il fallait commencer. En outre, qui ne voit qu'ils deviendront artistes aussi, et beaucoup plus sûrement et plus vîte que les autres élèves ? C'est parce que leur imagination et leur voix auront un sujet continuel d'exercice dans les signes articulés. Les autres élèves ne savent étudier qu'au pupitre, les miens étudieront en tous lieux et à toute heure, même en jouant et en sautant beaucoup plus qu'à l'école.

Puis donc que tout dépend de faire parler la musique à l'élève avant de le mettre à la lire, avant de lui poser un cahier de notes sous les yeux, avant de lui dire qu'il y ait des notes au monde, toutes nos vues doivent tendre à ce point capital. J'ai dit que, pour y parvenir, il suffirait, à la rigueur, de graver dans sa mémoire un certain nombre d'airs, ou seulement de phrases musicales ramenées dans un même ton, et de s'en rapporter ensuite à la seule activité de son esprit du soin de faire sur ces phrases les analyses nécessaires ; mais le comble de la perfection serait de trouver un moyen de diriger nous-mêmes à tout moment sa pensée sur les endroits où nous voudrons qu'elle opère, sans être obligés d'attendre que le hasard l'y amène par des détours (1).

---

(1) Il est très-remarquable que Galin, publiant son livre en 1818 (à une époque où il n'était nullement question des théories d'enseignement de M. J. Jacotot) ait dit, point pour point, relativement à la musique, ce que dit, à l'égard d'autres branches d'études, le fondateur de

Développement de la Méthode.

C'est ici que je vais découvrir le grand ressort mécanique de ma méthode ; en même temps, je dirai quelles forces intellectuelles le mettent en action, et lui font produire des effets auxquels on était loin de s'attendre. On verra les mouvemens d'une simple baguette déterminer les accens de mille voix confondues, en diriger les inflexions par les plus délicates nuances, en régler le concours avec une admirable précision ; toutes sortes d'airs se dessiner sur une toile en traces fugitives, et passer instantanément dans l'esprit des chanteurs : ceux-ci, étonnés de n'avoir qu'une même pensée, d'obéir de concert aux mêmes impressions, et d'exprimer de leur bouche des chants infiniment variés dont ils n'avaient pas d'idée, et dont il ne reste plus même de traces dans leur esprit ni sous leurs yeux.

Qu'on se figure peinte sur une toile une échelle à larges barreaux, à grandes dimensions, et devant cette toile un nombre d'élèves rassemblés, dont

---

l'enseignement universel. Quand une manière de conduire l'esprit humain a pour elle l'autorité de deux intelligences aussi élevées, qui, sans se concerter, ont fait les mêmes découvertes en cherchant la vérité, il y a une bien forte présomption que l'une et l'autre ont trouvé la solution du problème ; seulement, Galin a essayé de créer et de systématiser les moyens de diriger la pensée de l'élève : il me semble, dans sa spécialité, avoir fait plus de chemin que M. Jacotot dans la sienne. (A. P.)

les yeux observent curieusement le bout d'une baguette qui se meut parmi les barreaux de l'échelle, conduite par une main suivant de certaines lois. (*Voyez la gravure en tête du livre*) (1).

Ces barreaux et les intervalles qu'ils laissent entr'eux retracent à l'esprit des élèves la disposition consécutive des sons de la gamme ; en les faisant servir concurremment à la distribution des sons, on abrége de moitié la longueur de l'échelle ; en outre, comme ils sont distingués par deux couleurs alternatives, on les aperçoit sans confusion, et le compte en est plus aisé à faire à la vue. D'un autre côté, les élèves étudient sur cet appareil les portées ordinaires de musique, apprenant à y mesurer les intervalles ensemble de l'œil et de la voix ; proprement, ce n'est qu'une telle portée qu'ils ont sous les yeux, mais dont les filets ont une largeur sensible.

On ne voit ni clefs ni notes sur cette échelle ; les notes sont toutes au bout de la baguette, tant en durée qu'en intonation : en intonation, puisque la baguette s'élève et s'abaisse à divers barreaux ; en durée, puisqu'elle y repose plus ou moins de temps au gré du maître qui la dirige. Il n'est pas besoin, en effet, que les notes se présentent en

(1) Le nombre des lignes de ce tableau n'a rien de sacramentel ; les neuf lignes de la gravure suffisent à l'échelle de la voix la plus étendue. Si on veut mettre en rapport les diverses espèces de voix et former une échelle de comparaison, douze lignes au moins seront nécessaires et donneront un tableau analogue à celui de la figure 1. (A. P.)

nombre à l'élève qui commence, puisqu'il ne les entonne que successivement; au contraire, il est nuisible qu'on les lui présente de cette manière dans une page de musique, parce que son attention se partage entr'elles, et qu'il se préoccupe de cette multitude de points noirs qui frappent ensemble ses yeux : aussi est-il long-temps à deviner ce que cela veut dire. Ici, il ne voit jamais qu'une chose à la fois, qui est la baguette sur tel barreau; il ne la voit plus aux endroits qu'elle a quittés, et il ne la voit pas encore à ceux où elle n'est pas arrivée. Ainsi, son attention est toute attirée vers un point unique : première condition d'une étude réfléchie (1).

Il n'y a donc ici qu'une note, mais elle est mobile; il n'y a non plus qu'une clef, mais elle est

(1) Au bout de quelque temps, on pourra se servir d'un tableau où les clefs seront écrites; mais ce ne doit être que quand l'élève est bien accoutumé à lire par les intervalles et non par des dénominations fixes, attachées à chaque barreau de l'échelle; en un mot, quand il pourra appliquer facilement à tout barreau noir ou blanc le mot générique représentant la tonique, et appeler les autres barreaux du nom qui conviendra à chacun d'eux, par rapport à celui qui supportera la note tonique. La figure 2 offre le modèle de ce tableau, où les clefs ne donneront leurs noms aux barreaux qu'elles caractérisent ordinairement, que quand le hasard ou la volonté du maître le voudront. La plupart du temps, ces signes de sons *absolus* seront en contradiction avec les mots *de relation* prononcés par l'élève; leur seule utilité consistera à montrer les limites des différentes voix et les sons communs à plusieurs ou particuliers à chacune. (A. P.)

mobile aussi. Cette clef est de convenir, à chaque leçon, sur quel barreau l'on veut poser l'*ut* tonique, premier degré de la gamme ; c'est d'après sa position que les autres notes prennent rang sur l'échelle. L'heureux effet de cette habitude sera que l'élève n'attribue pas des noms invariables à chaque barreau, qu'il ne les dénomme que par leurs intervalles respectifs, et que, par conséquent, il connaisse toutes les clefs, sans qu'il lui en coûte pour cela ni plus de temps ni plus de peine.

Si la position de l'*ut* est laissée arbitraire sur l'échelle, son intonation est laissée telle pareillement : chaque fois que l'élève voudra chanter, il appellera *ut* tel son qui lui conviendra, ou tel son que donnera le maître. Les degrés des autres sons de la gamme seront déterminés par relation à celui-là : par où l'on voit que le nom d'*ut* est pris pour désigner la tonique, à quelque ton que l'on chante (en mode majeur), le *mi* pour désigner la médiante, le *sol* la dominante, etc. ; et que ces noms ne sont pas, comme dans l'ordinaire méthode, pour rappeler des sons fixes à l'esprit : propriété qu'ils ne sont pas susceptibles de prendre, ainsi que je l'ai démontré plus haut.

Que si les musiciens étaient blessés d'entendre nommer *ut* en solfiant le son qu'ils appellent *sol* ou *mi* sur le piano, il serait facile d'y remédier ; il faudrait alors changer les syllabes de notre gamme *ut ré mi fa sol la si*, pour les rendre génériques, au lieu de spécifiques qu'elles sont à leurs yeux ; il faudrait y employer ou des noms de lettres *c d e f g a b*, comme les Anglais et les Allemands, ou des noms de nombre, comme *un*, *deux*, *trois*, *quat..*, *cinq*, *six*, *sept*. Mais, véritablement, je ne crois pas que ceci vaille la peine de faire une innovation (1).

---

(1) Si l'on faisait tant que de changer les syllabes de notre gamme qui véritablement en aurait besoin, on devrait le faire d'une manière plus utile qu'a proposée M. Framery, l'un des rédacteurs de l'Encyclopédie : ce serait de ne conserver que les seules consonnes de ces syllabes, et de les accompagner de la voyelle *a* pour désigner les sons naturels, de la voyelle *e* pour désigner les sons dièses, et de la voyelle *o* pour désigner les sons bémols; ce qui donnerait ces trois séries :

Ta ra ma fa sa la ja........... pour les sons bécarres.
Te re me fe se le je.............. pour les sons dièses.
To ro mo fo so lo jo............. pour les sons bémols.

« Cette manière de nommer les notes, continue M. Framery, est simple, claire et précise. Elle est extrêmement facile à retenir. Un bon lecteur n'a pas besoin de plus de deux heures d'exercice pour s'habituer autant à ces noms nouveaux qu'aux anciens. Cependant nous doutons qu'elle soit adoptée, parce que ceux qui professent la musique ne mettent en général aucun intérêt à la perfectionner. On ne connaît bien les difficultés d'un art que quand on les a surmontées, et alors il semble qu'on ne se soucie plus de les applanir. On croirait diminuer le mérite de ses connaissances, en procurant aux autres plus de facilité à les acquérir. »

Je crois que M. Framery s'abuse en ne demandant que deux heures d'exercice pour s'habituer *autant* à ces noms nouveaux qu'aux anciens ; mais je crois aussi que cette manière de nommer les notes serait extrêmement favorable aux opérations de la pensée dans l'étude musicale, en

Prenons maintenant les élèves à leur première leçon, et observons les progrès de leurs idées. D'abord, au premier barreau que frappe la ba-

---

faisant disparaître l'embarras, très-grand pour l'élève, d'attacher une triple idée à un même mot en solfiant à divers tons. On voit d'ailleurs que ma méthode s'appliquerait aussi aisément à ces dénominations qu'à celles en usage, et que, quand l'élève commence d'apprendre, il est aussi indifférent aux unes qu'aux autres. Cependant je ne hasarderai pas de les introduire dans mon école; c'est aux grands maîtres de l'art à en donner l'exemple. Je me borne à faire remarquer qu'on ne trouvera jamais d'instant plus propice pour faire cette utile innovation, que celui où la musique est, j'ose le dire, prête à devenir populaire par l'effet d'une méthode aussi rapide que celle que je présente. (*)

(*) J'ai osé ne pas être tout-à-fait de l'avis de Galin, sur l'initiative à laisser aux grands maîtres de l'art, et je n'ai point balancé à introduire dans mon enseignement la finale *è* pour les sons dièses (*tè rè mè fè sè lè jè*), et la terminaison *eu* pour les bémols (*teu, reu, meu, feu, seu, leu, jeu*), laissant aux notes de la gamme leur appellation usuelle, et n'attachant qu'un très-médiocre intérêt à la substitution de *do* à *ut*, parce que la réforme doit, à mon sens, porter sur les sept syllabes susceptibles d'être autrement finalisées, ou qu'il faut laisser reconnaître la source de ces désignations dans l'hymne de St-Jean, où rien ne conduit à la syllabe *do* :

UT queant laxis RE sonare fibris
MIra gestorum Famuli tuorum,
SOLve polluti LAbii reatum
Sancte Ioannes!

et si cette témérité a besoin d'une excuse, voici la mienne:

guette, on entend un *ut* qu'ils expriment tous à la fois. Voilà le ton établi et la clef convenue. La baguette refrappe ce barreau, l'*ut* est répété. Alors elle s'élève par degrés jusqu'à la dominante, et l'on entend cette demi-gamme *ut ré mi fa sol.* Elle recommence le même mouvement à plusieurs reprises; mais une fois elle interrompt sa course au *mi*, une autre fois au *ré* ou au *fa*, retournant toujours à l'*ut* pour la recommencer. Cet exercice peut remplir la première leçon. On n'y fait que monter la gamme depuis l'*ut* jusqu'au *sol* tout au plus. (*Fig.* 3.)

A la seconde leçon, les élèves apprennent à descendre les mêmes fragmens de gamme qu'ils savent déjà monter. Cela se passe en cette sorte: *ut ré ut, ut ré mi ré ut, ut ré mi fa mi ré ut, ut ré mi fa sol fa mi ré ut.* (*Fig.* 4.) Sur quoi l'on observe que l'*ut* est toujours pris pour point de départ et pour point de repos. Bientôt on pourra faire prendre le *sol* pour même terme.

A la troisième leçon, la baguette descend par degrés de l'*ut* à la dominante au-dessous, et l'on entend la demi-gamme descendante *ut si la sol.* Elle réitère ce mouvement, puis bientôt le sus-

---

une amélioration ne perd ni de son prix, ni de sa réalité, pour être proposée ou introduite par un autre qu'une notabilité. Si, d'ailleurs, les grands maîtres de l'art sont indifférens ou portés de mauvaise volonté, il ne faut pas que la manifestation de la vérité en soit plus tardive. (A. P.)

pend, soit sur le *si* soit sur le *la*, pour le recommencer encore à l'origine *ut*. Dans cette même leçon, on pourra faire monter la demi-gamme *sol la si ut* en suivant les mêmes lois, et unir enfin cette moitié à la première; ce qui donnera une gamme entière entre deux dominantes, telle que *sol la si* UT *ré mi fa sol*, divisée par la tonique en deux moitiés inégales. Il convient de se borner d'abord entre ces limites, et d'y faire toutes les combinaisons par degrés conjoints qu'on pourra imaginer. Il y a là du travail pour cinq ou six leçons de rigueur (*Fig.* 5).

En apprenant à parcourir l'échelle par degrés conjoints, c'est-à-dire, en étudiant les rapports de seconde qu'elle offre, l'élève a exprimé néanmoins d'autres intervalles. Par exemple, il n'a pu faire deux fois de suite la phrase *ut ré mi* sans faire la tierce *mi ut*, qui lie la fin de cette phrase à son commencement. De même la phrase *sol fa mi* étant répétée, a fait naître la tierce *mi sol*; et la quinte *sol ut* se rencontre de même en redoublant la phrase *ut ré mi fa sol*. Enfin, l'on voit qu'il n'est pas d'intervalle qu'on n'ait pu faire exprimer à l'élève par cet artifice; mais peut-être il ne les aura pas suffisamment remarqués : c'est pourquoi il faut y revenir à cette intention, et lui apprendre à mêler quelque intervalle, surtout de tierce, parmi les degrés conjoints qu'il continue de combiner. Alors on coupera l'échelle précédente en deux manières : selon l'accord parfait *sol ut mi sol*, et selon l'accord de septième *sol si ré fa* (*Fig.* 6). On fera sur ces deux phrases ce qu'on faisait au commencement sur la demi-gamme *ut ré mi fa sol* ; c'est-à-dire, qu'on les parcourra en entier, puis en partie, et en donnant toujours une origine fixe aux mouvemens de la baguette. Cet exercice peut occuper un mois, car le champ des combinaisons devient plus étendu.

En effet, en même-temps que l'on règle sur ces principes les mouvemens de la baguette, on peut et l'on doit même la conduire souvent à pas inégaux, pour faire varier les durées des sons, et en appeler tantôt de lents, tantôt de brefs, sans s'inquiéter d'ailleurs qu'il y ait aucune mesure entr'eux. Si l'on n'avait pas cette attention, et que la baguette ne marchât qu'à pas égaux, les idées d'intervalles que se formerait l'élève seraient compliquées d'un élément étranger; il y manquerait encore d'une abstraction, savoir, de l'égalité de durée entre les sons comparés. Aussi sa surprise serait grande quand, par la suite, il entendrait deux sons sous des durées inégales; il ne les reconnaîtrait pas d'abord à ce déguisement, et il referait des comparaisons dans cette nouvelle hypothèse qui est donc indispensable.

Les élèves s'étant bientôt habitués aux inégalités de la baguette, il sera facile de les amener à voir une certaine proportion dans ses degrés de vîtesse. On pourra la faire reposer un *temps* ou deux, ou plus, sur certains barreaux, tandis qu'elle ne passera que demi-temps sur d'autres.

Ces proportions sont suffisantes pour lui faire chanter une foule d'airs dont le mouvement ne soit pas trop vîte, et dans lesquels la sous-division des temps n'aille pas jusqu'aux quarts (1). Encore, quand on en rencontre de tels, est-il aisé de se tirer d'embarras, soit en faisant deux temps d'un seul dans toute l'étendue de l'air, soit, si les quarts ne s'y voient qu'en un ou deux endroits, en modifiant ces passages, n'y tenant compte que des notes principales que le maître doit savoir distinguer des notes de liaison et de goût. On commencera naturellement par les plus simples de ces airs, par ceux qui ne contiennent pas d'intervalles qui soient totalement inconnus à l'élève; ou bien on l'y préparera d'abord en isolant la phrase qui présente ces difficultés, et en la modifiant sous la baguette de plusieurs manières, ce qui est très-facile. On fera même bien de choisir d'abord quelque air que l'élève connaisse; on aura eu soin d'en découvrir un : on le lui marquera sans l'en avertir; il le chantera correctement sans s'en apercevoir; on l'interrogera, il ne se sera pas entendu; mais la curiosité de tous est vivement excitée. On le lui fait répéter. Ses camarades l'entendent plutôt que lui qui le chante; ils le reconnaissent, le nomment, et c'est une grande joie pour eux de voir ce premier fruit de leur étude. C'en est un effectivement, et ils ne peuvent en douter, puis-

(1) Il me semble que le lecteur doit mieux m'entendre par ce langage, que si je lui parlais de *doubles-croches*.

qu'ils se trouvent en communication de pensées avec leur maître, puisqu'ils voient au bout d'une baguette des idées telles que le maître les conçoit, et puisque tous les voient de la même manière. Ils sont donc convaincus qu'ils ont fait des progrès. Ce sentiment profond est la vraie cause du plaisir qu'ils éprouvent. Aussi ils aiment une étude qui leur procure de telles jouissances, et leur esprit fait tout l'effort dont il est capable pour seconder la méthode qui les instruit. Je n'ai besoin pour entretenir ces bonnes dispositions, que de leur faire continuellement sentir que leurs progrès vont croissant; or, c'est ce que je fais depuis la première leçon.

En effet, le lecteur a dû remarquer que, dès le premier instant, l'élève est obligé de chercher ma pensée au bout de la baguette, qu'il est soumis à la règle de chanter seul d'après ses mouvemens, et que ma voix ne lui est d'aucun secours. Ce n'est pas comme dans les autres méthodes où sa voix ne fait que suivre celle du maître en l'imitant : il en résulte que son esprit ne fait aucun exercice, et que, n'essayant jamais ses forces, il n'est jamais au point de marcher seul. Ici il marche seul dès le premier pas; s'il bronche, il se redresse, et à tout moment il apprend à se raffermir. Jamais le maître ne l'aide, même sur les passages difficiles, car s'ils sont bien amenés, l'élève ne les trouve pas tels. Ceci est fondé sur le principe, que ce que nous savons le mieux est ce que nous trouvons de nous-mêmes. Mon élève peut donc se rendre le témoignage qu'il découvre une à une toutes les idées qui entrent dans sa tête, et que je ne fais que le placer dans le point de vue propre à les lui faire découvrir. Je suivrai scrupuleusement ce principe qui ne doit jamais plier devant les difficultés, et j'en ferai voir plus loin des applications assez neuves qui pourront sembler surprenantes.

Au point où nous sommes parvenus, les élèves connaissent beaucoup plus de rapports (d'intervalles) qu'on n'a cru leur en apprendre, et il peut être curieux d'en remarquer la cause. D'abord, l'*ut* a été pour eux le grand terme de comparaison de tous les sons de la gamme : sans doute parce qu'il est celui sur lequel la mémoire se fixe le mieux, que son impression est si profonde qu'elle se conserve même au milieu du chant, et qu'il est le dernier son qu'on oublie quand on est près de s'égarer. Or, ils n'ont pu apprendre les rapports de divers sons à l'*ut* sans y trouver implicitement les rapports de ces sons entr'eux; tout comme, dirai-je aux géomètres, quand on sait les rapports que deux quantités ont à une troisième, on sait le rapport qu'elles ont entr'elles. Que, par exemple, les deux intervalles *ré ut* et *sol ut* soient connus de l'élève, et qu'il les chante dans cet ordre *ut ré—sol ut*, il exprimera sans y penser le rapport de quarte *ré sol* dans le passage du premier intervalle au second; et ce même rapport lui reviendra ensuite par mille autres chemins, parce qu'à mesure qu'il avance, il prend pour nouveaux termes de comparaison d'autres sons sur lesquels il s'est affermi. Le *sol*, par exemple, est un point considérable de la gamme, et le premier après l'*ut* qu'il aura remarqué; il s'en servira donc de la même manière.

Nous pouvons maintenant conduire la baguette dans le tétracorde aigu *sol la si ut*, ainsi que dans le quintacorde grave *sol fa mi ré ut*; c'est-à-dire, qu'on peut lui faire parcourir tout ce champ :

UT ré mi fa SOL la si UT ré mi fa SOL la si UT.
(*fig.* 7.)

Bien-entendu que comme les voix des élèves n'ont pas deux octaves d'étendue, ils ne pourront faire d'exercice à l'aigu qu'en quittant le ton par lequel ils en pouvaient faire au grave, et réciproquement. Il suffit que la baguette embrasse comme les voix une dixième ou onzième d'intervalle ; et quand celles-ci n'embrasseraient qu'une octave, l'élève n'apprendrait pas moins à donner aux deux limites de la sienne la propriété de tonique, ou celle de dominante, ou toute autre.

A proportion que ses idées s'étendent, l'élève cherche à faire des combinaisons neuves des rapports qu'il connaît. Il faut seconder son désir, et lui apprendre à faire d'abord des combinaisons régulières. On lui fera donc, par exemple, parcourir l'échelle en montant de tierce et descendant de seconde alternativement, et réciproquement (1) ; mais surtout on lui fera connaître les

---

(1) Pour économiser l'espace dans la représentation des figures, les cinq lignes de la musique ordinaire seront em-

accords parfaits contenus dans la gamme (1), savoir : les trois accords majeurs *fa la ut*, *ut mi sol*, *sol si ré* ; les trois accords mineurs *ré fa la*, *la ut mi*, *mi sol si*, et l'accord particulier *si ré fa* ; sans lui dire toutefois ces mots de majeur ou mineur, qu'il ne doit pas encore connaître : c'est assez qu'il chante ces accords en les distinguant par leur base, les nommant accord de *fa*, accord d'*ut*, etc. (*fig*. 8). D'ailleurs, on les lui fera connaître tant dans leur état direct que dans leur état renversé, qui vient de ce qu'on porte le son grave à l'aigu, ou l'aigu au grave. Mais c'est au maître à prendre ici des précautions en faisant succéder ces accords l'un à l'autre, (*fig*. 9.) car il pourrait les renverser et les accoupler de telle sorte que le chant en fût aussi difficile que s'il y entrait des dièses ou des bémols, parce qu'en effet ces dièses ou ces bémols seraient sous-entendus, tels que les demande le ton que

---

ployées, au lieu du tableau reproduit dans les figures 1, 2, 3, 4, 5, 6, 7 ; au surplus, les points noirs, sans queues ni crochets, dans la planche lithographiée, indiquent toujours des exercices à la baguette, exercices où le séjour de la boule indicatrice sur les lignes noires ou sur les intervalles blancs, suffit pour déterminer les durées. (A. P.)

(1) Il est bon de remarquer que très-souvent Galin entend, par le mot accord, la production *successive et un à un* des sons dont l'audition *simultanée* porte plus communément ce nom. C'est ce qui m'a déterminé, dans les figures explicatives, à écrire en lignes obliques les accords ainsi décomposés, au lieu d'en disposer les élémens sur une ligne verticale, comme cela se pratique dans l'écriture musicale, pour les accords plaqués. (A. P.)

chaque accord annonce. Le ton serait donc changé à l'insu de l'élève ; et comme il n'est pas en sa puissance de se soustraire à l'impression du nouveau ton, et qu'il dépend du maître de la lui donner plus ou moins profonde, jusqu'à effacer même celle du ton primitif, il arriverait bientôt que l'élève sentirait avec étonnement que la propriété d'*ut* ne serait plus à sa place, et qu'elle aurait passé sur un *sol*, sur un *fa*, ou quelqu'autre note. Il croirait alors se tromper en dénommant les sons, et de suite, pour se reprendre, il appellerait *ut* le son qui en aurait acquis la propriété. Cette erreur est si bien dans l'analogie de ses idées, que je serais très-faché qu'il ne la fît pas, et je le mettrai quelquefois dans le cas de la faire, exprès pour avoir occasion d'en faire avec lui la remarque, et pour le préparer aux conséquences que j'en veux tirer par la suite. (*fig.* 10)

Chemin faisant, j'aurai arrêté son attention sur les barreaux de l'échelle ou ligne de la portée, pour lui en faire considérer le nombre et la distribution: je lui aurai fait voir que ce système de lignes se compose de cinq noires avec quatre blanches interposées, outre deux ou trois lignes surajoutées en dessus et en dessous. Je lui aurai fait mesurer de l'œil toutes sortes d'intervalles, lui faisant compter les barreaux qu'ils embrassent. Il aura vu les intervalles impairs, comme ceux de tierce, de quinte, de septième, occuper des barres de même couleur ; et les intervalles pairs, comme sont ceux de seconde, de quarte, de sixte, d'octave, aboutir à deux couleurs différentes (*fig.* 11). Il aura appris ce que c'est que les complémens et les redoublemens d'intervalles ; il aura remarqué que les uns et les autres occupent sur l'échelle des barreaux de même nom. Aussi dira-t-il, par exemple, que *sol fa* désigne une seconde ou une septième, que *sol mi* désigne une tierce ou une sixte, *sol ré* une quarte ou une quinte, selon la position respective des deux sons proposés. Il aura nommé et marqué sur la portée les trois progressions fondamentales de tierce, quinte et septième, semblables à celles de sixte, quarte et seconde, qui en sont les complémens (*fig.* 13). Il aura mesuré les grands intervalles par les petits, retenant bien, par exemple, qu'il y a dans une quinte deux tierces l'une sur l'autre; qu'il y en a trois dans une septième ; qu'il y a deux secondes dans une tierce, trois dans une quarte, que l'octave peut se diviser en quarte et quinte, ou en tierce et sixte, etc., etc.

De plus, il aura appris les changemens de clefs dont il n'y a que deux pour lui, savoir : l'*ut* posé à ligne noire, et l'*ut* posé à ligne blanche. Voici de quelle manière : j'ai laissé quinze jours ou trois semaines la clef d'*ut* à une même position, soit, si l'on veut, à la première ligne noire. Il fallait donner à l'élève le temps de lier ensemble l'idée du son avec le nom qu'il porte. Il en est résulté d'abord qu'il a attribué aux barreaux des noms invariables, et qu'il les dénommait d'après leurs positions absolues, au lieu d'examiner leurs positions respectives; ensorte qu'au mouvement de la baguette, il n'aurait pas regardé l'endroit d'où elle vient, mais seulement celui où elle se pose. Rien ne l'avait averti qu'il dût avoir cette double attention. Il s'y trouva forcé en voyant poser l'*ut* à toute autre ligne noire que celle où il avait accoutumé de le mettre; mais son système n'en fut guère dérangé, parce qu'à cause de la symétrie des couleurs, il rencontra les mêmes noms sur des couleurs telles qu'à la première clef. Il le fut davantage quand je posai l'*ut* à une ligne blanche; c'étaient vraiment les mêmes calculs à refaire sur cette hypothèse que sur la première, parce que tous les noms se trouvaient avoir changé de couleurs; mais enfin, il s'y habitue tous les jours, sans être obligé de s'en occuper exclusivement, et tout en continuant ses autres exercices.

Tel est environ le travail de deux mois (1). L'élève suit assez bien la baguette à toutes les clefs pour chanter correctement toutes sortes d'airs

---

(1) Tous les développemens de cet ouvrage montrent que l'auteur avait en vue l'enseignement de l'enfance et non la direction d'intelligences plus développées par l'âge et par la réflexion. Aussi, dans les cours qu'il faisait, à Paris, l'ordre et la nature des exercices avaient subi des modifications que comprendra et que fera sans peine quiconque se sera bien pénétré de l'esprit de la méthode. On se souviendra donc que les évaluations de temps, pour les résultats, ont l'enfance pour terme de comparaison, et que, si les leçons, au lieu d'être espacées de deux en deux jours, comme celles de Galin, sont quotidiennes, ces appréciations doivent encore subir de notables changemens. (A. P.)

en mode majeur, qui ne contiennent pas de transition de ton, et dont le mouvement ne soit pas trop rapide. Je l'habitue, dans le troisième mois, à faire plus légèrement les mêmes choses. De plus, comme la variété des exercices ne peut que lui être agréable, je lui enseigne alors à lire l'écriture musicale. Mais qu'ai-je à faire pour cela? à peu près rien qu'à lui mettre une page de points noirs sous les yeux. Il devinera bien, si je veux lui en laisser le plaisir, que ces points représentent des coups de baguettes, et que ce sont les traces des endroits où elle a passé (1). Mais au lieu d'employer

(1) On s'aperçoit ici combien seraient dans l'erreur, sur le fond de ma méthode, ceux qui ayant vu chanter mes élèves devant des chiffres (*), auraient pris ces chiffres pour le moyen qui me sert à les instruire. Aucune écriture, comme je l'ai fait voir, ne peut être mon moyen d'instruction, et toutes en sont l'effet, parce que, ai-je dit, nos idées (musicales ou autres) ne sont pas contenues directement dans les signes écrits; qu'ainsi, ce n'est pas d'eux qu'on peut les apprendre; que ces signes ne retracent directement que des mots articulés; mais que c'est dans ces mots que nos idées sont immédiatement comprises, et où, par conséquent, elles doivent être d'abord étudiées. Aussi, qu'apprend mon élève en suivant la baguette? il apprend à lier ses idées aux mots qu'il prononce.

(*) Pour la correspondance des chiffres et des lettres employés dans cet ouvrage comme équivalens des signes de notes, voici un tableau de concordance qui aidera à les substituer l'un à l'autre.

c	d	e	f	g	a	b
1	2	3	4	5	6	7
ut	ré	mi	fa	sol	la	si

(A. P.)

des feuilles à l'encre, je me sers d'une grande planchette rayée en portées de musique, sur

---

On ne peut pas dire qu'il les lie à des signes écrits, puisqu'il n'en a aucun sous les yeux.

Mais il y a plus par rapport aux chiffres; c'est qu'ils ne sont pas même dans l'analogie des idées que je viens d'exposer, et qu'en quittant l'exercice de la baguette, l'élève se trouve naturellement introduit aux notes ordinaires sur les portées, sans soupçonner que des chiffres pussent faire le même office. C'est donc de pure fantaisie que je lui enseigne cette notation; mais il faut convenir qu'elle est si commode pour l'usage particulier, par le peu de volume qu'elle occupe, par la facilité et la rapidité de l'écrire, tout papier y étant propre, et par l'économie de l'impression, si l'on voulait faire des recueils de musique à peu de frais, qu'elle mérite bien d'être plus connue, indépendamment de celle dont on se sert. C'est par là que j'ai voulu rendre hommage à la mémoire de son illustre auteur, sans prétendre, comme lui, de la substituer à l'écriture vulgaire.

Il est remarquable que ces chiffres, transportés des mathématiques dans la musique, ont fait naître l'idée à quelques personnes que ce dernier art n'était sans doute qu'une application de ces sciences; et l'on entend dire encore quelquefois que Rousseau *a fait de la musique par les mathématiques*: de quoi les uns concluent que *sa méthode* ne vaut rien, et les autres qu'elle vaut beaucoup. Je peux répondre à ces personnes que leurs conséquences ne portent sur rien, et que la locution d'où elles les tirent ne présente aucune idée à l'esprit; autrement il faudrait dire aussi qu'*on fait de l'algèbre par la langue française*, parce qu'on y voit figurer les lettres de l'alphabet. Rousseau n'a point fait de musique par les mathématiques; non plus il n'a point donné de *méthode* pour en faire : et si on lui en laquelle j'écris à la craie les airs que je veux faire chanter (1). Cela donne à ma classe un aspect

---

eût demandé une, il n'aurait probablement pas compris la question. Rousseau a fait un *projet de nouveaux signes* pour la musique; ces signes, qu'il a proposés pour remplacer les anciens, sont des chiffres; mais ces chiffres perdent dès-lors leur qualité numérique pour en prendre une musicale : ce ne sont plus des *un*, des *trois*, des *cinq*, ce sont des *ut*, des *mi*, des *sol*. Ceci est tellement vrai, que j'ai parmi mes élèves des enfans qui n'ont connu un 4 sous le nom de *quatre*, qu'après l'avoir longtemps connu sous le nom de *fa*. Quoiqu'il en soit, ces chiffres furent mal accueillis des musiciens de son temps, et ce fut sans doute ce qui l'empêcha de donner à la suite de son projet une *méthode d'enseignement* qu'il s'était proposé de faire, [basée sur l'adoption de sa nouvelle écriture. Au lieu d'une méthode, il écrivit force épigrammes contre ces Messieurs, qui achevèrent de les aveugler sur le mérite de son système.

Je ferai voir plus loin quelles sont les modifications nécessaires que j'ai dû apporter à l'écriture de J. J. pour la rendre usuelle; et l'on se convaincra que son adoption dépendait essentiellement d'un nouveau système d'idées, d'un nouveau mode d'enseignement, bien loin d'en pouvoir être la base.

(1) Galin ne se doutait pas, en adoptant ce mode de transmission pour ses idées, qu'il préparait un argument de plus aux champions de *ce qui est*, contre l'établissement de *ce qui devrait être*. Pour faire connaître la puissance de ses théories, il venait de faire chanter ses jeunes élèves, dans une séance publique, à Bordeaux : des objections sans nombre lui furent adressées, et il répondit à toutes par la preuve de fait et par le raisonnement, avec une

nouveau d'où l'élève attend de nouvelles jouissances, comme il arrive toujours d'un changement de scène. D'ailleurs, j'ai constamment observé qu'un commençant mesure l'importance des objets à la grandeur des signes : c'est pourquoi il ne faut pas épargner les dimensions si l'on veut frapper ses sens, comme il est indispensable de le faire, puisque c'est par cette porte que les idées lui doivent entrer dans l'esprit.

Quand je dis que pour lui faire lire un air je n'ai qu'à le lui mettre sous les yeux, je ne disconviens pas qu'il faut auparavant que je lui enseigne comment on représente par écrit, outre les mouvemens de la baguette, les durées des coups qu'elle frappe. Mais cela n'est pas si difficile qu'on le pense, puisqu'il me suffit de deux ou trois leçons pour le mettre au fait de ce point. Ce qui rend la mesure difficile pour les élèves ordinaires, c'est premièrement qu'ils l'étudient sans savoir l'intonation, et qu'alors ils sont occupés de deux choses à la fois ; en second lieu, c'est que les signes par lesquels

---

clarté d'expression et une force de logique qui réduisirent au silence ses adversaires, moins un seul qui ne pût s'empêcher de lui dire : « Mais, Monsieur, comment ne voyez-» vous pas que vous avez préparé un grand embarras à » vos élèves, et qu'après avoir vu chez vous de la musique » écrite en blanc sur du noir, ils ne pourront se reconnaître » dans les livres de musique ordinaire, où ils la verront » représentée en noir sur du blanc? » A cela, Galin m'a dit qu'il n'avait pas trouvé de réponse. (A. P.)

on la leur enseigne sont choisis à contre-sens des idées qu'on veut qu'ils expriment. Mais pour ne pas interrompre le récit des exercices de l'échelle, je renvoie à la fin ce qui concerne la mesure.

Dès que l'élève commence à lire, je lui donne chaque jour un air écrit qu'il emporte chez lui pour l'apprendre par cœur, et le marquer lui-même à la baguette. C'est un grand désespoir quand, par manque de sagesse, il n'en peut obtenir un, ou s'il n'en obtient que la moitié! Il ne s'exposera de long-temps à cette terrible punition. Voilà les nouvelles jouissances qu'il s'était promises: lire un air sur un morceau de papier! avoir dans sa poche la romance nouvelle que joue l'orgue par les rues! et celle-là encore qu'une dame chantait l'autre jour, et qu'on lui chantera ce soir!..... Qu'il est vrai ce plaisir, et qu'il est vif pour l'enfance de sentir naître en soi quelque chose de commun avec ce qui l'environne!

Je passe au quatrième, cinquième et sixième mois (1). Je prépare d'abord mes élèves aux changemens de ton et de mode, en leur faisant chanter à la baguette des airs qui participent de deux tons différens, comme ne contenant pas la note sensible ou la sous-dominante. L'air de Malborough (*fig.* 14), par exemple, est de la première espèce; on peut l'écrire en *sol* sans qu'il y paraisse de dièses; d'autres pourront s'écrire en *fa* sans qu'il y entre de bémols (*fig.* 15). Les élèves remar-

---

(1) Voyez la note de la page 47.

queront cette singulière circonstance, qu'un même air puisse être exprimé par deux différens systèmes de notes ; ils seront étonnés que le *sol* sonne à leur oreille comme s'il était un *ut*, le *la* comme un *ré*, et ainsi à proportion (*fig.* 14) ; ou bien que ce soit l'*ut* qui sonne sous la propriété de *sol*, le *ré* sous celle de *la*, le *mi* sous celle de *si*, et ainsi des autres (*fig.* 15). C'est qu'ils chantent en *sol* dans le premier cas, et en *fa* dans le second ; mais ils ne savent point ce langage : ils croient bonnement de s'être trompés ; ils refont l'expérience, et pourtant ils sont jetés sur la même conclusion. Pour les tirer d'embarras, je leur dis que la chose est singulière en effet, que j'en suis surpris comme eux, mais qu'elle est véritable ; et que tant qu'un air ne contient que les six cordes *ut ré mi fa sol la*, il peut s'écrire sur les six cordes *sol la si ut ré mi*, et réciproquement ; que seulement il sera dans un ton plus bas à l'un de ces systèmes qu'à l'autre, mais qu'ils savent de leur propre expérience que nous pouvons prendre l'*ut* tonique, tantôt plus bas, tantôt plus haut, à notre volonté.

§ *De la comparaison des intervalles par superposition.*

Pour les confirmer dans cette idée, je leur fais chanter une phrase arbitraire au ton de *sol* sur l'hexacorde *sol la si ut ré mi* (*fig.* 16) ; ils la répètent deux ou trois fois pour la bien retenir ; puis, à un certain mouvement convenu de la baguette, ils appellent *ut* le son qu'ils appelaient *sol* le moment d'avant; et, comme je refrappe les mêmes barreaux dans le même ordre que la première fois, ils s'entendent chanter la même phrase sous des noms différens (*fig.* 17). Quelle surprise !...... Je marque une autre phrase au ton de *fa* sur l'hexacorde *ut ré mi fa sol la* (*fig.* 18). Ils la remarquent bien; je fais changer le nom de *fa* en celui d'*ut*, et tout d'un coup la même phrase se répète en *ut* dans l'hexacorde *sol la si ut ré mi*, qui est venu occuper les mêmes barreaux de l'échelle (*fig.* 19). Quelle singulière métamorphose! Comment le nom d'*ut* perd-il à notre insu sa propriété de tonique? Comment cette propriété que nous y avions si bien attachée se porte-t-elle sur le nom de *sol*, qui perd alors sa propriété de dominante, ou sur celui de *fa*, qui perd la sienne de sous-dominante ?... Questions que je n'entreprends pas de résoudre, mais qui sont dignes des méditations des philosophes (1).

---

(1) Je ne puis me refuser au plaisir de raconter ici la naïveté de l'un de ces enfans qui me faisait toutes ces questions à sa manière. Mais si je ne veux pas, me dit-il, que l'*ut* perde sa propriété de tonique, il ne la perdra pas? — Tout de même, lui dis-je, parce que c'est moi qui la lui fais perdre. — Et pourtant c'est moi qui chante.... Oh! si je voulais, ajouta-t-il finement, il la garderait bien. Tenez, faites encore, vous allez voir, parce que je vais bien faire attention. — Ce pauvre enfant soupçonna que je lui escamotais sa tonique, c'était bien l'équivalent;

Désormais voilà une vérité bien démontrée et bien sentie, que l'hexacorde d'*ut* est égal à celui de *sol*; elle aura de nombreuses conséquences, mais il ne faut pas les en déduire trop tôt, ni toutes ensemble. Il vient de se faire un grand mouvement dans l'esprit de l'élève ; donnons-lui le temps de revenir de sa surprise. En outre, je ne crois pas qu'il faille se contenter de lui faire voir les conséquences dont je parle, comme simples déductions du principe qu'il a découvert. La tête d'un enfant n'est pas assez forte pour raisonner solidement par les signes écrits ; il ne peut guère raisonner que par les mots, c'est-à-dire, comparer ses idées que par eux. Par exemple, vous voulez lui démontrer que les accords de *fa* et de *sol* sont égaux chacun à celui d'*ut* ; vous pouvez bien, vous aidant de la vérité qui vient d'être établie,

---

mais il crut m'en empêcher. Alors je le fis commencer en *ut*, puis je le menai au ton de *sol*, dont je prolongeai l'impression; il sentit que l'*ut* changeait sa propriété, et il faisait des gestes de ses mains comme pour la retenir. Attendez, me criait-il, c'est que je n'y étais pas. Mais enfin, comme la tonique retournait malgré lui sur le *sol*, il s'écria piteusement : *Eh mon Dieu ! qu'est-ce que c'est donc? Je fais tout ce que je peux, et ça fait toujours autrement ! Vous n'entendez pas comme ça fait? Le* sol *ressemble à un* ut ! *et l'*ut *ne fait pas comme un* ut, *il fait comme un* fa !.....

Si ce langage n'est pas élégant, il faut admirer encore plus la justesse des idées qu'il renferme. Peut-on mieux caractériser que par ces mots les propriétés si abstraites de *tonique* et de *sous-dominante* ?

lui mettre sous les yeux, comme ici, les deux hexacordes

sol la si ut ré mi,
ut ré mi fa sol la,

et les lui faire comparer terme à terme, en lui disant que si le *sol* tient lieu d'*ut* dans le chant, le *si* tient donc lieu de *mi*, et le *ré* tient lieu de *sol*: d'où l'accord *sol si ré* tient lieu de *ut mi sol*, et le représente, c'est-à-dire, en a l'air, la propriété. Mais voulez-vous être compris sans mot dire? prenez la baguette, frappez l'accord *sol si ré* plusieurs fois, puis refrappez les mêmes barreaux en faisant appeler *ut* le son et le barreau qu'on vient d'appeler *sol*, et par conséquent *mi* et *sol* les deux autres (*fig.* 20). L'enfant courra devant votre pensée; il s'interrompra pour vous annoncer comme une nouvelle découverte, que l'accord de *sol* est égal à celui d'*ut*. Faites la même chose pour l'accord de *fa* (*fig.* 21).

C'est de la même manière que vous lui ferez sentir, à quelques jours de distance, que les accords de *ré* et de *mi* sont égaux à celui de *la* (*fig.* 22), quoique l'on puisse déduire cette vérité de la comparaison terme à terme des mêmes hexacordes; mais, auparavant, il aura été bien de le familiariser avec les impressions de mode mineur, tant par les accords de ce mode que par les phrases qu'on y peut faire sans qu'il y entre de dièses ni de bémols. Par exemple, l'air *eh quoi! déjà je vois le jour* (1), est en mode mineur sans note sensible; beaucoup d'autres tout entiers et une foule de phrases d'opéra sont dans le même cas : on devra les marquer à la baguette.

L'élève est disposé à croire que les sept accords qu'il connaît dans la gamme sont égaux : il veut comparer par la même méthode l'accord de *la* avec celui d'*ut*; mais il sent d'abord qu'ils diffèrent. Il s'en étonne; il les compare de nouveau : il est surpris à présent de rencontrer des différences, comme il l'était auparavant de trouver des similitudes. Confirmez-le dans sa découverte, en lui disant que vous sentez comme lui que ces deux accords ne se ressemblent point, et que c'est pour cela, sans doute, qu'on appelle *majeur* l'accord d'*ut*, et *mineur* celui de *la*. Dites-lui aussi que ces deux noms sont mal choisis pour exprimer cette circonstance, mais qu'on les emploiera plus à propos dans d'autres occasions. Voilà donc, continuerez-vous, trois accords qui sont majeurs, puisqu'ils se ressemblent : accord de *fa*, accord d'*ut*,

(1) Galin avait-il appris cet air par tradition ou d'après une copie autre que celle de l'air n° 732 de la Clef du Caveau, 3e édition, qui présente vers la fin la note sensible, ou bien y a-t-il dans le texte une omission, telle que celle-ci : *la première reprise de l'air eh quoi......*, etc...., ce que sembleraient indiquer les mots : *beaucoup d'autres* TOUT ENTIERS? Quoiqu'il en soit, il lui aurait été facile de citer des airs entiers de ce genre, tels que la *Romance d'Héléna*, *Dans ma chaumière*, par Doche, etc, etc. (A. P.)

accord de *sol*; en voici trois autres qui sont mineurs, puisqu'ils se ressemblent aussi entr'eux et qu'ils sont différens des premiers : accord de *ré*, accord de *la*, accord de *mi*.

Et l'accord de *si*, va-t-il vous demander, qu'est-il ? majeur ou mineur ? — Il n'est ni l'un ni l'autre. — Oh ! ce n'est pas possible. Voilà les idées de l'enfance : elle veut rattacher à ce qu'elle sait tout ce qu'elle ignore, et croit que les idées nouvelles qui lui viennent doivent être dans l'analogie de celles qu'elle a acquises ; elle tombe bien des fois d'un étonnement dans un autre opposé, avant de s'apercevoir que la cause en est dans la précipitation de ses jugemens. Vous lui démontrerez donc que l'accord de *si* ne ressemble ni à celui d'*ut*, ni à celui de *la*, auxquels vous le ferez comparer successivement. Il faudrait donc donner à cet accord un nom différent qu'aux autres; vous le ferez appeler accord de *quinte mineure*, pour des raisons qui seront dites plus tard (1).

Ces comparaisons, d'un genre entièrement neuf, méritent toute l'attention du lecteur; c'est sans doute la première fois qu'il en voit faire de telles : aussi je tâche de les décrire avec toute la précision dont je suis capable. On en verra ci-dessous bien d'autres exemples; mais, dès à présent, l'on doit remarquer que je fais *superposer* les intervalles et les phrases musicales pour en reconnaître

(1) Galin, dans ses cours, se servait de la dénomination d'accord *neutre* que j'ai conservée. (A. P.)

l'égalité, tout comme en géométrie on superpose les lignes et les figures qui en sont formées.

Il est temps de faire chanter des airs à changement complet de ton, c'est-à-dire, dans le courant desquels surviennent des dièses ou des bémols ; l'élève va le faire à la première fois aussi facilement, aussi bien que s'il l'eût toujours fait (1).

Dièses et bémols.

Il faut ici que l'élève connaisse à fond les changemens de clefs, c'est-à-dire, qu'il sache marquer avec une égale célérité un air à la baguette, quelque place qu'on assigne à l'*ut* sur les barreaux de l'échelle. Or, on a vu combien il est aisé de le rendre indifférent à cette position de l'*ut ;* fort de

(1) Le complément de toutes ces belles déductions serait un recueil d'airs ramenés au ton (ou plutôt à la *langue*) d'*ut* majeur, et dans lesquels des annotations nombreuses, éclaircies par un texte, montreraient les élémens de toutes les comparaisons dont il vient d'être parlé. Galin songeait sérieusement à ce travail, base du livre élémentaire qu'il voulait publier. Peut-être essayerai-je de terminer ce qu'il n'a pu faire ; mais ce ne sera qu'après plusieurs années de recherches, parce que je ne crois pas qu'il s'agisse de produire *plus vite* que les autres ; l'essentiel est de faire *mieux*, s'il est possible ; et, malheureusement pour la doctrine de Galin, les développemens qu'on lui a donnés jusqu'à présent ne sont pas de nature à rehausser de beaucoup le mérite de quiconque l'emportera sur ceux qui se sont pressés d'achever l'édifice dont cette haute intelligence a tracé un plan si magnifiquement ordonné. (A. P.)

cette habitude et de toutes celles qu'il a déjà acquises ; bien affermi sur l'intonation dite naturelle, ainsi que sur la mesure (du moins jusqu'aux sous-divisions par quarts du temps), on va lui faire changer à souhait le ton avec la clef sans aucun effort. En effet, que faut-il pour cela, que lui dire de nommer *ut* le son quelconque où il sera parvenu sur l'échelle, et où l'on voudra que s'opère la transition ; on pourra convenir, pour cela, d'une certaine situation de baguette, comme, par exemple, de la relever perpendiculairement à l'échelle dans ce moment-là.

On sait que tous les degrés ne sont pas également favorables à la transition ; mais, par cette manière, j'assure qu'il n'y en aura aucune de difficile. Néanmoins, il est clair qu'il faudra premièrement habituer l'élève aux transitions les plus communes en musique, qui sont de passer au ton de la dominante et de la sous-dominante, c'est-à-dire, de porter le nom d'*ut* au cinquième degré, ou au quatrième de la gamme que l'on quitte, pour faire de ce degré le premier de la gamme que l'on prend : il sera cent fois plus aisé que je ne puis dire, de promener ainsi l'élève sur tous les tons où l'on voudra passer.

Or, s'aperçoit-on que mon élève sait désormais tous les dièses et les bémols imaginables ? Cela étonne peut-être, mais rien n'est plus vrai néanmoins ; car, qu'est-ce qu'un *fa* dièse, par exemple, sinon une note sensible ? Et quand l'élève vient d'appeler *ut* le son qu'auparavant il appelait *sol*, le *si* de ce nouvel *ut*, qu'il entonne sans hésiter, est-il autre chose qu'un *fa* dièse, relativement au ton du départ? (*Fig.* 23.) De même, qu'est-ce qu'un *si* bémol, sinon une sous-dominante? Et quand il vient d'appeler *ut* le son qu'il appelait d'abord *fa*, le *fa* de ce dernier *ut*, qu'il entonne pour ainsi dire à la course, est-il autre chose qu'un *si* bémol, en le rapportant à l'*ut* primitif? (*Fig.* 24.)

Mais, dira-t-on peut-être, l'élève faisant un dièse ou un bémol de cette manière, le fait sans le savoir. Que veut dire cela? Peut-il faire une opération nouvelle, sans savoir qu'il fait une opération nouvelle? Et qui donc le saurait pour lui? Mais l'on veut dire qu'il ne sait pas qu'on appelle *dièse* ou *bémol* le nouveau son qu'il exprime. De cela j'en conviens; et c'est précisément ce que je n'ai pas voulu qu'il sût encore. Lequel vaut mieux de savoir, la chose ou le nom qu'elle porte, et par lequel faut-il commencer? Croit-on que le nom doive entrer avant la chose dans son esprit? Croit-on que les noms aient existé avant les choses autour de nous?

Mais qu'on soit sans inquiétude; je vais lui apprendre sur l'heure ce que c'est qu'on appelle *fa dièse*, et ce que c'est qu'on appelle *si bémol*. Le lecteur, qui m'a suivi jusqu'ici, prévoit que je n'y aurai pas grand'peine, puisqu'il ne me faut qu'imposer un nom nouveau à une nouvelle idée que vient d'acquérir l'élève. Cependant il faut la saisir au passage, cette idée, pour lui jeter le collier qui doit la retenir. Voici comment je procède :

• Je rappelle à l'élève la comparaison déjà faite des deux hexacordes de *sol* et d'*ut ;* je lui fais remarquer qu'il manque au premier le tricorde *sol fa mi*, et au second le tricorde *ut si la*, pour compléter l'octave. Je lui demande s'il croit que ces deux tricordes soient égaux ; il me répond qu'il faut les comparer pour le savoir (1), et incontinent il les compare dans sa tête, en essayant de chanter l'air *sol fa mi* sur les syllabes *ut si la*. Il n'y coïncide point, il fait au rebours, il veut chanter l'air *ut si la* sur les syllabes *sol fa mi*.... pas plus de similitude. Il s'assure ainsi que ces deux airs sont différens, et il me l'annonce. Or, remarquez la force de cette vérité dans son esprit : je feins de croire qu'il se trompe ; il recommence aussitôt en m'invitant à suivre ses comparaisons. Vous voyez bien, termine-t-il, que ces deux airs ne se ressemblent pas.

D'accord, lui dis-je alors ; mais par où diffèrent-ils ? Il les compare encore. Sa première observation est que le *sol* sert bien d'*ut;* celle-là est incontestable, puisqu'elle est d'hypothèse. Sa seconde est que le *mi* sert bien de *la*. Sa troi-

---

(1) L'enfant devient tous les jours plus sobre d'assertions. Il s'est convaincu, par sa petite expérience, qu'il est nécessaire de penser avant de répondre ; aussi, avant d'affirmer, il examine. N'est-ce pas une utile règle de conduite qu'il puise dans cette agréable étude ?

sième, enfin, est que le *fa* ne sert point de *si* : ce qui est le nœud de la question.

On voit qu'il a voulu rapporter l'air *ut si la* aux syllabes *sol fa mi*. Je lui fais faire le contraire; il rapporte à présent l'air *sol fa mi* sur les syllabes *ut si la*. Il compare, et me répond que l'*ut* représente bien le *sol*; que le *la* représente bien le *mi*, mais que le *si* ne représente point le *fa*.

Eh bien, lui dis-je encore, pourquoi le *si* ne peut-il servir de *fa*? Est-il trop bas ou trop haut? Nouvelles comparaisons suivies de cette réponse : Il est trop haut, il faudrait le baisser. Et pourquoi, dans le premier cas, le *fa* ne pouvait-il servir de *si*? Etait-il trop haut ou trop bas?... Autres comparaisons suivies de cette autre réponse : Il était trop bas, il aurait fallu le hausser (1).

Je lui dis maintenant d'appliquer l'air *ut si la* sur ces trois syllabes *sol fe mi*; il le fait sans peine. C'est alors que je lui déclare que ce *fe*, plus haut que le *fa*, est ce qu'on appelle un *fa* dièse; et que sa propriété caractéristique, celle qui doit lui servir de définition, est de faire contre le *sol* le même air que fait un *si* contre l'*ut*. Mais l'élève conserverait ce nom de *fe*, et il ferait bien, si je ne lui disais qu'on n'a pas coutume d'employer ce nom, et qu'il faut dire *fa* à sa place. Il se récrie sur ce que ce n'est point un *fa*, et qu'on ne doit pas appeler du même nom deux choses

(1) Tout ceci ramène à l'observation présentée dans la note de la page 59. (A. P.)

différentes ; je lui réponds que c'est l'usage, mais qu'à la vérité l'usage n'est pas toujours raisonnable, et qu'il en voit ici un exemple en en attendant d'autres. Cette réflexion l'afflige, elle m'afflige aussi, mais qu'y faire?... Eh bien! s'écrie-t-il, servons-nous du nom de *fe* ; pour nous, qu'est-ce que cela fait? Pauvre enfant! cela fait que tu passerais à bien des yeux pour ne pas savoir la musique (1).

Je vais lui enseigner le *si* bémol. Pour cela, je lui fais chanter l'air *sol fa mi* sur ces trois syllabes *ut se la* ; en même temps je lui déclare que ce *se* qu'il chante plus bas que le *si*, par les raisons qu'il a vues, est ce qu'on nomme le *si* bémol, et que sa propriété caractéristique, celle par laquelle on doit le définir, est de faire contre le *la* le même air que fait un *fa* contre un *mi*. Je le préviens, en outre, qu'au lieu de l'appeler *se*, il faut l'appeler *si* quoique ce n'en soit pas un, mais que tel est l'usage. A ces mots, il se récrie plus fort que la première fois, disant qu'il ne pourra jamais faire un *se* en appelant *si*. Je l'encourage; je tache à l'y résoudre (2).

---

(1) J'ai déjà donné, dans la note de la page 36, les raisons qui m'ont déterminé à ne pas faire à l'*usage* le sacrifice auquel s'est résigné Galin, qui, ne voulant faire qu'un essa et non compléter une langue, a pu se contenter de *fe* pour *fa dièse*, et de *se* pour *si bémol* (A. P.).

(2) C'est une chose singulière, qu'un enfant de sept à huit ans sente si bien la nécessité d'employer des noms

Il nous faut à présent convenir d'un signe pour indiquer les dièses ou les bémols sur l'échelle. Je fais faire à la baguette un petit mouvement ascendant sur le barreau où doit être le dièse, et, au contraire, un mouvement descendant sur celui où doit être le bémol ; moyennant quoi tout est arrangé pour chanter toutes sortes de mélodies à dièses et à bémols, dans quelque ton que ce soit. Ce seront-là bientôt nos plus importans exercices (1).

---

différens pour solfier les dièses et les bémols, et que tant de maîtres ne l'aient jamais sentie. Ne serait-ce point parce que jusqu'ici on ne s'est pas occupé d'apprendre à *parler* la musique ?.... Mais quand on ne la parle pas, comment peut-on la lire ?.... Pour moi, je n'ai jamais vu la lire à livre ouvert que ceux qui savaient la parler, c'est-à-dire, articuler des mots en exprimant des sons sans cahier sous les yeux, et j'ai vu que l'un était toujours à proportion de l'autre ; mais comme cette faculté ne vient qu'après nombre d'années, on ne peut pas dire qu'on l'ait reçue de l'enseignement usité, et l'on peut se faire à soi-méme tout l'honneur de l'avoir acquise.

(1) J'avoue que ces deux petits mouvemens de la baguette ne seraient pas bien distincts pour l'élève ni bien faciles pour le maître, si le chant était un peu vite, et que l'on voulût faire chanter ainsi un élève déjà fort; mais néanmoins ils suffisent à l'enseignement élémentaire : ce qui n'empêche pas que je ne reçusse avec plaisir un perfectionnement là-dessus, comme serait, je suppose, un petit mécanisme dans la baguette qui pût faire paraître à son bout, et à volonté,

Il nous faut, en outre, convenir de signes écrits pour désigner les mêmes choses, je dis les dièses et les bémols. Cela est facile. Je fais connaître à l'élève les signes reçus pour cet objet; mais en même temps je lui en propose de plus simples : je lui dis que nous marquerons, en outre, le dièse par un petit trait oblique montant qui traverse la note, ou le chiffre, ou la lettre, ou le mot qui la désigne, en cette sorte, /; que nous marquerons le bémol par le même trait oblique descendant, comme \ (*fig.* 25). Les deux signes ordinaires sont mal imaginés, parce qu'ils ne font pas corps avec la note, outre qu'ils tiennent trop de place; et quant à celui qu'on nomme *bécarre*, son usage est aussi mal-entendu qu'il soit possible; car, si un son n'est ni dièse ni bémol, il est bécarre nécessairement. Aussi, du consentement de tous les musiciens, on pourrait se passer de ce signe. Pourquoi donc s'en sert-on toujours? Pour nous, il n'y aura de dièses et de bémols que les sons qui en porteront la marque, et pour ceux qui n'auront aucune marque, quoiqu'ils soient, si l'on veut, dans la même mesure, nous n'imaginerons pas de les soumettre à l'influence d'un signe dont ils ne sont pas couverts; c'est cette bizarrerie de notre musique qui a mis le bécarre à la mode. Je sais bien qu'on croit avoir

---

deux signes distincts par le moyen de ressorts faciles à presser du doigt (*).

(*) Ce vœu de Galin est réalisé d'une autre manière par un instrument que j'ai fait construire, et que j'ai nommé *clavier polymélographe* (A. P.).

besoin du bécarre pour détruire, dans le cours du chant, l'un des dièses ou des bémols placés à la clef; mais qui ne voit qu'on peut faire la même chose par un bémol dans le premier cas, ou par un dièse, dans le second? d'autant mieux qu'il y a des musiciens qui s'en servent de cette manière. Il est clair, en effet, que bémoliser une note déjà dièse, ou diéser une note déjà bémol, c'est, dans les deux cas, la remettre à l'état naturel. Pourquoi multiplier inutilement les signes?

Quoique je n'aie défini ci-dessus que le *fa* dièse à mon élève, on doit s'attendre qu'il généralisera d'abord cette définition, et l'appliquera de lui-même à toute autre note. Il regardera comme un *ut* tout barreau au-dessous duquel sera demandé le dièse, et entonnera alors ce dièse sous la propriété de *si*. C'est ainsi qu'il trouve de lui-même les cinq dièses des notes *fa ut sol ré la*, je dis en attribuant respectivement la propriété d'*ut* aux cinq notes *sol ré la mi si*, qui leur sont immédiatement supérieures.

Une fois mis en train de généraliser, l'élève ne s'arrête plus, tant qu'il voit du chemin devant lui; il veut à présent faire le dièse sur le *mi* et sur le *si*. Mais alors son principe semble le conduire à cette singulière conséquence, qu'il n'y a pas de dièses sur ces deux notes, ou du moins qu'ils sont la même chose qu'elles; car, dit-il, si je donne la propriété d'*ut* à l'*ut* qui l'a déjà, celle de *si* tombe sur le *si* qui l'a pareillement (*fig.* 26), et si je donne au *fa* la première propriété, il se trouve que le *mi* lui-même acquiert la seconde..... Je le laisse aujourd'hui dans cette idée, lui disant que nous ne ferons pas effectivement de dièses sur ces deux notes, mais que nous en reparlerons dans un autre temps. Le lecteur voit d'où elle lui vient; c'est que l'élève ne se doute pas encore que les sons consécutifs de notre gamme fassent des intervalles de seconde qui soient différens les uns des autres; et il y pense d'autant moins qu'il les voit distribués sur les barreaux de l'échelle également espacés entr'eux. Cependant la remarque qu'il vient de faire le conduira inévitablement à cette vérité, ou, pour mieux dire, elle n'est pas autre chose qu'elle. Il apprendra facilement ensuite que c'est au *fa* dièse qu'il devait porter la propriété d'*ut*, pour faire le *mi* dièse contre lui sous la propriété de *si* (*fig.* 27); et que c'est à l'*ut* dièse qu'il devait supposer la même propriété d'*ut*, pour prendre le *si* dièse de la même manière. Du reste il verra bien, et je le lui ferai remarquer, que jamais le *mi* dièse (ou le *si* dièse) n'entre dans le chant, que le *fa* dièse (ou l'*ut* dièse) n'y soit déjà entré.

Si nous venons aux bémols, nous en dirons des choses analogues; c'est-à-dire, que l'élève généralise d'abord la définition donnée du *si* bémol, et que, pour l'appliquer à toute autre note, il regarde comme un *mi* la note qui est inférieure à celle-là, et qu'alors il entonne le bémol demandé sous la propriété de *fa*. C'est ainsi que, pour trouver les cinq bémols des notes *si mi la ré sol*, il attribue une propriété de *mi* aux cinq notes respectives *la ré sol ut fa* qui leur sont immédiatement inférieures. Bientôt voulant généraliser davantage, voulant faire aussi le bémol sur l'*ut* et sur le *fa*, et ne soupçonnant pas que c'est à une seconde *majeure* d'intervalle par-dessous le son proposé qu'il doit porter la propriété de *mi* (*fig.* 28); c'est-à-dire ici, sur le *si* bémol et sur le *mi* bémol, il se contente de la supposer sur le *si* et sur le *mi*, et de là il est porté à croire qu'on ne fait pas d'*ut* bémol ni de *fa* bémol, du moins différemment que ces notes naturelles, comme tout-à-l'heure il ne croyait pas qu'on pût faire de *mi* dièse et de *si* dièse. Mais il ne restera dans cette idée que le temps que je voudrai, c'est-à-dire, celui qui sera nécessaire pour faire assez d'exercice sur les cinq bémols fondamentaux. Je lui ferai connaître ensuite, (*fig.* 29.) qu'on peut faire un *fa* bémol, pourvu que le *mi* soit déjà tel, et qu'on peut faire un *ut* bémol pourvu que le *si* soit bémol d'avance; mais qu'autrement on ne peut faire l'un ni l'autre (1).

---

(1) Il est nécessaire de nous arrrêter un moment sur les idées précédentes, et de les comparer avec celles qui règnent à ce sujet. Tous les solféges commencent ainsi : il y a cinq *tons* dans la gamme et deux *demi-tons*; il y a cinq dièses et cinq bémols, etc. On voit combien il y avait de chemin à faire avant d'en venir au point de comprendre ces paroles, et qu'il ne faut pas s'étonner si la plupart des élèves ordinaires ne les comprennent pas d'abord, et si bien souvent ils abandonnent la musique avant de les avoir comprises. C'est qu'au lieu de présenter à l'élève des observations à faire, on lui présente à retenir de ces principes généraux qui supposent en lui les observations faites, la science acquise, et ne sont que des formules pour se

Voilà donc l'élève en état d'attaquer solidement un dièse ou un bémol à quelque note de l'échelle

---

rappeler ce que l'on sait, que des étiquettes pour le retrouver au besoin. On lui dit que le dièse est un signe qui élève la note de *demi-ton mineur;* que le bémol en est un autre qui l'abaisse d'autant. C'est comme si on lui disait d'élever la voix ou de l'abaisser de *moins que demi-ton*, sans lui assigner de combien moins. Mais quand on pourrait le lui assigner et lui dire que c'est, par exemple, d'un dixième de ton de moins, comment voudrait-on qu'il divisât de la voix cet intervalle pour compter de telles différences? Se retrancherait - on sur l'à-peu-près ? Mais cette matière n'en souffre point, et l'à-peu-près d'ailleurs n'a pas de bornes. Or, ce serait bien pis si, comme quelques-uns qui ne se piquent pas de tant d'exactitude et qui ne font pas distinguer le demi-ton en *majeur* et *mineur*, on lui disait de faire le demi-ton juste. Voilà certainement ce qu'il ne ferait jamais, ni le maître avec lui.

Mais, pour ne parler que de la première hypothèse, c'est une chose singulière que les maîtres y veuillent fonder l'idée du dièse et du bémol sur celle supposée acquise du *demi-ton mineur* qui, au contraire, est subordonnée et postérieure à celle-là. Par exemple, pour enseigner le *fa* dièse, ils font prendre le *fa* à l'élève, et lui disent de s'élever de demi-ton...... Ignorent-ils donc que le *fa* dièse ne saurait se prendre par comparaison au *fa*, que ce n'est pas ainsi qu'ils le prennent eux-mêmes, que c'est bien au contraire par comparaison au *sol*, fondés sur l'idée bien établie du demi-ton majeur (seconde mineure) que, pour y réussir, ils s'efforcent d'oublier l'impression de ce *fa*, loin de lui comparer le *fa* dièse; qu'enfin, il est impossible de faire de la voix une batterie sur ces deux notes *fa fad,* preuve incontestable qu'elles ne se comparent point? Il en faut dire autant du *si* bémol.

qu'on le lui demande. Mais ce qui est bien remarquable, c'est que, comme il les attaque par deux

---

Que conclure de tout cela, sinon qu'on n'a pas découvert jusqu'ici la vraie génération du dièse et du bémol, puisqu'elle est restée enveloppée sous d'obscures ou de fausses définitions? Malheureusement les savans qui ont traité de la musique s'étant trop livrés à la spéculation, trop peu à la pratique de cet art, n'ont pu remonter jusqu'à la source de cette idée : d'Alembert, dans le livre qu'il a laissé sous le titre impropre d'*Elémens de musique*, ne paraît pas avoir connu cette génération; Rousseau même n'avait pas d'idée arrêtée sur ce point, car on le voit s'y contredire en plusieurs endroits de son dictionnaire; et c'est faute de cette connaissance, que nos auteurs d'acoustique ont publié des systèmes erronés en théorie comme en pratique, et que les Pythagoriciens anciens et modernes, se livrant à de pures spéculations de nombres, ont attribué au calcul une puissance qu'il n'a point : par exemple, celle de démontrer que les intervalles de la gamme, appelés *tons*, soient inégaux; que le *mi*, venu de la progression de ces quatre quintes consécutives *ut sol ré la mi*, ne fasse pas tierce juste avec l'*ut*; que le *si* dièse, venu de la progression de douze quintes consécutives, soit plus haut que l'*ut* voisin auquel, dit-on, il devrait être égal; et autres pareilles erreurs.

On a cherché de tout temps à déterminer en nombres le rapport des longueurs de cordes qui produisent les sons de la gamme, et nous avons une infinité de calculs à ce sujet, qui sont malheureusement contradictoires entr'eux et avec la pratique; mais il est étonnant qu'on n'ait jamais cherché à exprimer de cette manière le rapport des intervalles mêmes qui existent entre ces sons, quoique ceci ait une liaison bien plus directe avec l'art. Il semble, principes différens, et qu'il en éprouve aussi deux impressions différentes, il n'imaginera pas de les confondre l'un avec l'autre, je veux dire par exemple, le *sol* dièse avec le *la* bémol, ou le *ré* dièse avec le *mi* bémol, etc. Ce n'est pas qu'à la vérité il puisse dire lequel des deux est plus haut que l'autre, car la voix seule est insuffisante pour s'assurer de ce point, puisqu'il faudrait pouvoir exprimer ces deux sons consécutivement pour les comparer et que chacun sait que la chose est rigoureusement impossible. Mais il est bien convaincu qu'ils diffèrent entr'eux, et qu'un compositeur ne se permettrait pas d'écrire l'un à la place de l'autre : voilà le point essentiel. Cependant je peux bien lui dire par anticipation (et je peux aussi m'en dispenser, n'ayant rien à déduire de ce principe), que le *ré* dièse est avant le *mi* bémol dans l'ordre ascendant de la gamme, le *sol* dièse avant le *la* bémol, etc. ; me réservant de le lui démontrer par une expérience particulière à la fin de son cours. (*fig*. 30.)

---

en effet, que dès qu'on eût reconnu deux espèces de semi-tons, la première chose à faire était de les comparer entr'eux, pour savoir si l'un n'était pas, par exemple, le double ou le triple de l'autre; cependant c'est encore une découverte à faire. J'ai de fortes raisons de croire que ce rapport *est tel que de* 2 *à* 3, et je pourrais appuyer cette assertion d'une expérience directe qui soutient très-bien l'épreuve du calcul; mais il n'entre pas dans mon sujet de la faire connaître à présent.

Des deux espèces d'intervalles.

L'élève ne sait pas encore, du moins bien positivement, que les intervalles se distinguent en majeurs et mineurs, qu'il y a des *tons* et des *demitons* dans la gamme. Il n'a fait tout au plus que l'entrevoir. Cependant il possède une quantité de faits qui, s'ils étaient rapprochés, le mèneraient directement à ces conséquences; et, chose bien remarquable, quand il interromprait ici ses leçons, il pourrait de lui-même se pousser en avant jusqu'à un certain point. C'est le mouvement imprimé à un corps qui persévère encore un certain temps, après que la force a cessé d'agir. Mais je vais faire avec lui ces rapprochemens.

Je lui remets sous les yeux les deux hexacordes égaux d'*ut* et de *sol*, et, par la comparaison terme à terme, je lui fais voir que des sept secondes qu'il sait qu'il y a dans la gamme, deux sont égales entr'elles, savoir *si ut* et *mi fa*, et sont appelées *mineures;* cinq autres sont aussi égales entr'elles, savoir *ut ré*, *ré mi*, *fa sol*, *sol la*, *la si*, et sont appelées *majeures*, parce qu'elles sont plus grandes que les précédentes : ce que je lui démontre en lui faisant comparer *si ut* avec *fa sol*, ou *mi fa* avec *la si*, de la manière qu'on a déjà vue (1).

---

(1) On peut déduire toutes ces vérités, avec une rigueur mathématique, d'expériences bien faites sur quatre airs populaires : *Ah! vous dirai-je, maman*; *Malbrough*; *O ma tendre musette* et *Souvenez-vous-en*. (A. P.)

Dans cette comparaison, il considère que c'est l'intervalle *fa* dièse *sol* qui est l'égal de *si ut*, d'où il conclut nécessairement que l'intervalle *fa sol* est plus grand que lui; ou bien il se dit que c'est l'intervalle *la si* bémol qui est l'égal de *mi fa*, et, par conséquent, que l'intervalle *la si* surpasse ce dernier. Voilà donc justifiées dans son esprit les dénominations d'intervalles *majeurs* et d'intervalles *mineurs*. Or, remarquez bien qu'il ne s'en forme et ne doit s'en former d'autre idée que celle-ci, qui est que les premiers intervalles sont *plus grands* que les seconds dans une même espèce. Remarquez aussi que tout ce que je déduis de la comparaison supposée faite des hexacordes, je peux le lui démontrer immédiatement par la comparaison des intervalles eux-mêmes entonnés sur le moment, et qu'il sera toujours utile de le faire ainsi, comme je l'ai dit ailleurs. Il est visible, au surplus, que je ne ferai par-là que répéter en détail la comparaison autrefois faite en somme de ces deux hexacordes.

Maintenant je lui fais prendre les complémens des deux secondes mineures et ceux des cinq secondes majeures (*Fig.* 31), et je lui fais remarquer que les premiers complémens sont, par conséquent, *plus grands* que les seconds, à cause que toutes les octaves sont égales, comme je le lui aurai déjà appris; qu'ainsi nous pouvons dire qu'il y a deux septièmes majeures complémens des deux secondes mineures *si ut* et *mi fa*, et qu'il y a cinq septièmes mineures complémens des cinq secondes majeures.

Je passe aux tierces. Je lui dis que des sept tierces qu'il connaît dans la gamme, il y en a trois d'une espèce dites majeures, savoir *fa la*, *ut mi*, et *sol si* (*Fig.* 32); et quatre d'une autre espèce dites mineures, qui sont *ré fa*, *la ut*, *mi sol*, et *si ré*. Je lui fais voir les unes se présentant les premières dans les trois accords majeurs qu'il connaît, et les autres se présentant aussi les premières dans les trois accords mineurs et dans celui de quinte mineure, ou se présentant les secondes dans les accords majeurs. Il s'assure que les dénominations de majeures et de mineures données à ces tierces sont bien appliquées, en comparant, de la voix seulement, les deux accords *ut mi sol* et *la ut mi*; car il trouve que l'*ut* est trop bas dans celui-ci, ou le *mi* trop haut dans celui-là, pour qu'ils se ressemblent, et qu'ainsi la tierce *ut mi* est plus grande que la tierce *la ut* et que la tierce *mi sol*. De là, lui faisant prendre les complémens des trois tierces majeures et ceux des quatre tierces mineures, il conclut, comme précédemment pour les septièmes, qu'il y a trois sixtes mineures et quatre sixtes majeures; outre qu'il pourra, s'il veut, les comparer directement.

Je viens aux quintes (*Fig.* 33). Je lui rappelle ce qu'il sait déjà, que, dans toute quinte, il y a deux tierces l'une sur l'autre, et je lui fais voir de plus que, dans les trois accords majeurs ainsi que dans les trois accords mineurs, l'une de ces tierces est majeure et l'autre mineure; et qu'elles font, par conséquent, la même somme, ou des quintes égales, dans ces six accords; mais que, dans l'accord *si ré fa*, les deux tierces ensemble étant mineures, elles font une somme plus petite que précédemment, c'est-à-dire, par conséquent, une quinte mineure. Ainsi, il y a six quintes majeures et une seule mineure, qui est *si fa*, Je peux aussi le mener à cette conclusion par la comparaison immédiate, et en lui faisant rapporter l'accord *la ut mi* sur *si ré fa*, il trouverait alors que le *fa* est trop bas ou le *mi* trop haut, pour que ces deux accords se ressemblent. Enfin, en prenant les complémens des six quintes majeures et de la seule mineure, il trouve qu'au rebours il y a six quartes mineures et une seule majeure, qui est *fa si*.

Ici j'ai un champ très-vaste de considérations à faire avec l'élève, et je peux arrêter sa pensée sur le même sujet de plusieurs manières qui aideront bien sa mémoire. Je peux lui faire compter le nombre et distinguer les espèces de secondes qui entrent dans chaque intervalle, entr'autres lui en faire voir trois de majeures dans la quarte *fa si*, ce qui fait qu'on l'appelle *triton*, parce que la seconde majeure s'appelle autrement un *ton*; lui en faire voir deux dans une tierce majeure, comme d'*ut* à *mi*, ce qui fait qu'on appelle *diton* cette tierce. Je veux bien qu'il sache, mais que ce soit très-tard, que la quinte mineure *si fa* est appelée aussi *fausse quinte*, et la quarte majeure *fa si fausse quarte*; et à ce sujet je ne manquerai pas de lui dire que se sont là deux dénominations fort impropres, dont il ne doit se servir que pour discourir avec ceux qui ne l'entendraient pas autrement, parce que ces intervalles ne sont pas plus faux que les autres, et que la dénomination de *justes*, donnée aux quintes majeures et quartes mineures, ne leur convient pas mieux que si on l'eût appliquée à rebours ; qu'enfin, parmi les tierces et les sixtes, on n'a point fait cette distinction de *fausses* et de *justes*, quoiqu'on l'eût pu faire tout aussi mal à propos. Je lui dirai aussi que la seconde mineure *si ut* ou *mi fa* est plus connue dans le monde musical sous le nom de *demi-ton*, mais que ce nom apporte une fausse idée à l'esprit, en ce que cet intervalle est réellement plus grand qu'un demi-ton, c'est-à-dire, par exemple, que le *fa* dièse situé entre le *fa* et le *sol* est plus loin du *sol* que du *fa*: d'où vient que ceux qui veulent parler correctement appellent *demi-ton majeur* l'intervalle *fa* dièse *sol* égal à *si ut*, et *demi-ton mineur* l'intervalle de *fa fa* dièse (*fig.* 34); que, de même, en considérant le *si* bémol placé entre le *la* et le *si*, ils appliquent la première expression à l'intervalle *la si* bémol égal à *mi fa*, et la seconde expression à l'intervalle moindre *si* bémol *si* ; sachant bien que le *fa* ne pourrait faire le rôle de sensible contre le *fa* dièse, ni le *si* bémol contre le *si*.

On sent que ce n'est pas en une leçon que je fais tirer à l'élève toutes ces conséquences, et qu'il faut que tout cela soit donné à petites doses, et entremêlé de pratiques pour se graver nettement dans sa mémoire. En un mot, l'exerciee de la baguette n'en doit jamais souffrir d'interruption; et c'est sur l'échelle que toutes les démonstrations doivent être faites, quand la force des mots ne suffit pas à l'élève pour qu'il les fasse tout seul.

Jusqu'ici je n'ai donné à l'élève qu'un seul moyen pour attaquer les dièses ou les bémols. Je vais à présent lui en donner plusieurs autres qui vont tout-à-coup multiplier ses forces, et le transporter, presque à son insu, au dernier période de son instruction. Je commence par remarquer avec lui qu'une seconde mineure, telle que *si ut* ou *mi fa*, devient majeure en faisant dièse le son aigu ou bémol le son grave, parce qu'elle passe alors à cet état *si* bémol *ut*, ou *mi fa* dièse, et que dans la comparaison des deux tricordes *mi fa* dièse *sol* et *la si ut*; ou *mi fa sol* et *la si* bémol *ut*, qui sont égaux comme nous l'avons appris précédemment, la première seconde répond à *fa sol*, et l'autre à *la si* qui sont des secondes majeures. Je vais démontrer que le même principe de transformation convient à tout intervalle.

Pour cela je remarque premièrement qu'entre deux intervalles de même espèce (comme deux tierces ou deux quartes, etc.), l'un majeur et l'autre mineur, la différence est la même qu'entre deux secondes, l'une majeure et l'autre mineure, et que cette différence se trouve être par conséquent de la quantité d'un *demi-ton mineur*. Cela se démontre aisément (*fig.* 34 *bis*), en considérant d'abord que deux intervalles, tels qu'on les suppose, contiennent chacun le même nombre de secondes;

ensuite, que, si ces intervalles étaient égaux, tous deux majeurs ou tous deux mineurs, ils contiendraient respectivement les mêmes secondes majeures et les mêmes secondes mineures l'un que l'autre, à l'arrangement près de ces secondes qui pourrait n'être pas le même dans les deux, mais qui ne fait rien à la comparaison des sommes; enfin, que si ces dits intervalles sont inégaux, l'un étant majeur et l'autre mineur, ainsi qu'on l'a supposé, comme ils contiennent encore chacun le même nombre de secondes, leur différence ne peut venir que de ce que dans l'un il y ait une seconde majeure de plus que dans l'autre, qui à la place contienne une seconde mineure de plus que le premier; de sorte que, retranchant les secondes communes aux deux intervalles, la différence ne subsiste réellement qu'entre une seconde majeure et une mineure. Cette différence est donc, comme on l'a annoncé, d'un *demi-ton mineur*.

Je conclus de là qu'un intervalle majeur quelconque peut être rendu mineur en deux manières : ou en faisant dièse le son grave, ou en faisant bémol le son aigu (*fig*. 35); car on lui fait perdre dans les deux cas l'excès de demi-ton mineur qu'il a de trop pour être tel qu'on demande. Au contraire, l'intervalle mineur devient majeur, en faisant dièse le son aigu ou en faisant bémol le son grave, parce qu'alors on lui ajoute la quantité qui lui manque pour arriver à cet état (*fig*. 36).

On peut donc aussi faire passer un accord du majeur au mineur, ou du mineur au majeur; il ne faut pour cela qu'altérer la médiante de l'accord (*fig.* 37), la faire dièse dans l'accord mineur pour le rendre majeur, ou la faire bémol dans l'accord majeur pour le rendre mineur. Quant à l'accord de quinte mineure *si ré fa*, ce n'est pas à la médiante qu'il faut toucher (*fig.* 38), c'est le son grave qu'il faut faire bémol pour rendre cet accord majeur, et c'est le son aigu qu'il faut faire dièse pour rendre cet accord mineur : ou bien il faut diéser à la fois la dominante et la médiante pour opérer la première transformation, et il faut bémoliser ensemble la médiante et la tonique pour opérer la seconde. On voit encore que les accords majeur et mineur s'échangent l'un en l'autre, quand on dièse ou l'on bémolise conjointement les deux sons extrêmes de l'accord, c'est-à-dire sa tonique et sa dominante (*fig.* 39).

Il semble maintenant que, pour faire pratiquer à l'élève ces transformations d'intervalles, il faille qu'il sache d'avance bien attaquer les dièses et les bémols sous toutes les combinaisons qui peuvent se présenter. C'est bien ainsi qu'on le conduit dans la méthode ordinaire, mais on sait aussi que c'est là qu'est la grande pierre d'achoppement. Ici c'est tout le contraire : *l'effet connu* qu'on attend du dièse ou du bémol sert précisément de *moyen* pour attaquer juste cette espèce de sons; car il est clair que nous savions entonner les intervalles tant majeurs que mineurs et sentir leur différence, avant de connaître ni dièses ni bémols ; c'est pourquoi, étant sur un intervalle majeur, il faut prendre d'abord l'impression du mineur pour arriver sûrement à faire dièse le son grave, ou bémol le son aigu, et non pas croire que ce soit la puissance du dièse qui opérera la transformation ; car c'est, au contraire, la puissance de la transformation, qui, sentie avant d'être exprimée, attire le dièse ou le bémol dans l'esprit. En voici un exemple (*fig.* 40) : si l'on chante l'air *ut mi* tierce majeure sur les syllabes *la utd*, l'on obtient de cette manière l'*ut* dièse ; de même, si l'on chante l'air *la ut* tierce mineure sur les syllabes *ut mib*, l'on attaque sans peine le *mi* bémol. En un mot, puisque nous connaissons bien quels intervalles dans la gamme sont majeurs, et quels autres sont mineurs ; puisque nous savons les chanter ainsi que les transposer à différens tons ; puisque nous savons que l'effet du dièse ou du bémol est de changer ces intervalles l'un dans l'autre, quand nous voudrons chanter un intervalle par dièses ou par bémols, la question sera toute réduite à mettre des syllabes données sur un air ou intervalle connu.

C'est sur ces principes que j'exerce mon élève aux changemens de ton et de mode, mais par accords seulement, afin qu'il apprenne d'abord à bien connaître les trois notes principales de chaque ton, qui sont la tonique, la médiante et la dominante, auxquelles je joins quelquefois la sensible. Bientôt il arrive au point de reconnaître et de nommer sur-le-champ les accords que je fais succéder sous ses yeux, sous toutes sortes de renversemens. Il remarque quelles notes sont communes dans ces successions, et comment le changement d'une seule note change tout-à-fait l'accord, et appelle de nouveaux dièses ou bémols que ne comportait pas le ton de l'accord précédent.

De la génération des tons.

J'arrive aux changemens complets du ton. Ici les dièses ou les bémols ne seront plus accidentels, ils seront permanens, et tels que chaque ton les comporte. Je commence par le ton de *sol* qui contient le seul *fa* dièse, et par le ton de *fa* qui contient le seul *si* bémol. Je fais remarquer à l'élève le singulier effet de ce *fa* dièse (*fig.* 41), qui change et déplace toutes les propriétés des notes, parce qu'il fait acquérir au *sol* la propriété d'*ut* ou de tonique, en sorte que la gamme naturelle *ut ré mi fa sol la si* est entièrement représentée par celle-ci : *sol la si ut ré mi fa* dièse. Je lui fais remarquer de même l'effet contraire du *si* bémol (*fig.* 42), qui est de donner à l'*ut* la propriété de *sol*, ou de dominante, en sorte que la tonique ou la propriété d'*ut* se transporte sur le *fa*, et que la gamme naturelle *sol la si ut ré mi fa* est maintenant représentée par celle-ci : *ut ré mi fa sol la si* bémol. Ces remarques ne peuvent manquer de lui faire plaisir, et l'on se rappelle la surprise qu'il manifesta la première fois qu'il sentit ces métamorphoses. Dans tous les exercices qu'il fait sur ces deux tons, il est obligé de me dire sous quelle propriété sonnent les notes qu'il exprime, c'est-à-dire, s'il est sur la dominante ou la médiante ou la sensible, etc., parce qu'à chaque pas je l'interromps pour l'interroger là-dessus. Il apprend par-là de la manière la plus positive ce que c'est qu'être dans tel ou tel ton : être dans le ton de *sol*, vous dira-t-il, c'est donner au *sol* la propriété d'*ut* ou de tonique, et c'est la substitution du *fa* dièse au *fa*, qui donne inévitablement au *sol* cette propriété : de même être dans le ton de *fa*, c'est donner au *fa* la propriété d'*ut*, et c'est la force du *si* bémol qui la lui donne, employé à la place du *si*. Il saura dire de même ce que c'est qu'être dans tout autre ton, et je n'ai plus qu'à lui faire voir par quels dièses ou quels bémols ces autres tons sont constitués : c'est ce que je ferai après un exercice suffisant sur ces deux tons fondamentaux.

On voit donc que, par une pratique de peu de jours, mon élève parvient à chanter dans le ton *sol* et dans celui de *fa* (1) qui sont les deux ad-

(1) Cette expression, *chanter en tel ton*, peut s'entendre en deux manières : ou comme désignant l'alphabet sur lequel on chante, c'est-à-dire, l'ordre des notes qu'on dénomme avec les dièses ou les bémols qu'elles comportent dans ce ton, ou bien comme indiquant le ton absolu du piano que prend la voix du chanteur ; et, à cet égard, la dénomination des notes ne fait rien à l'effet qu'on attend, puisqu'avec les seules notes du ton d'*ut* on peut évidem-

joints de celui d'*ut*, je veux dire qu'il dénomme les propres notes de ces tons sous des propriétés nouvelles qu'il apprend à leur attribuer ; ce qui est à peu près comme s'il appliquait deux alphabets nouveaux aux sons de la gamme d'*ut*. Mais qu'est-ce qui le dirige dans cette nouvelle appellation de notes ? est-ce encore la force des mots ? Non, puisqu'ils ont changé de propriété : ce sont des idées plus abstraites qui le conduisent à présent, ce sont les idées générales de tonique, de médiante, de dominante, etc., dont la propriété est liée à chaque degré du ton ; en sorte que les mots ne font que lui représenter, par leur disposition consécutive sur l'échelle, les degrés du ton où il se trouve, et ce sont ces degrés qui appellent dans son esprit l'intonation nécessaire ; de sorte encore qu'en entonnant les dièses ou les bémols du ton, il n'a pas à s'en occuper, comme il serait obligé de le faire s'ils étaient accidentels ; il n'a qu'à voir leur rang, par rapport à la tonique, étant prévenu d'ailleurs de ceux que cette tonique suppose.

---

ment chanter à tel ton que ce soit, en prenant l'*ut* ou la tonique au degré convenable. Il est clair, par cette raison, que la première façon de l'entendre, ou le changement d'alphabet d'un ton à un autre, lorsqu'on pourrait tout rapporter à un alphabet unique, est une connaissance de luxe que l'élève pourrait acquérir tout seul hors de l'école, et qu'on devrait se borner ici à le mettre sur la voie de le faire sans peine : remarque générale pour toute sorte d'instruction, et à laquelle ne manquent pas d'avoir égard les professeurs de sciences qui en sentent bien la nécessité.

Si maintenant nous passons à des tons plus avancés, tels que ceux de *ré* et de *sib*, de *la* et de *mib*, de *mi* et de *lab*, etc., l'élève est préparé à en comprendre la génération. Parlons d'abord des tons par dièses. Je lui fais voir (la baguette à la main) (*fig.* 43) que le ton de *ré* est contre celui de *sol* ce qu'est celui-ci contre le ton d'*ut*; de sorte que si, pour passer de ce dernier au second, il a fallu éliminer la sous-dominante *fa*, et la remplacer par un *fad* qui est devenu la sensible du nouveau ton, de même, pour passer du ton de *sol* à celui de *ré*, il faut éliminer la sous-dominante *ut*, et la remplacer par un *utd* qui sera la sensible du ton de *ré* que l'on veut prendre ; encore, comme le ton de *la* est après celui de *ré* dans la même analogie qu'est celui-ci après le ton de *sol*, il faut donc, pour prendre le ton de *la*, suivre la même règle, c'est-à-dire, éliminer dans le ton de *ré* la sous-dominante *sol*, et la remplacer par un *sold* qui devient note sensible à son tour ainsi pour les autres tons. Par où il apprend qu'en élevant la tonique de quinte, il survient à chaque fois un nouveau dièse plus haut de quinte que le précédent; que ce nouveau dièse prend la propriété de sensible et rejette sur le dièse antérieur celle de médiante, sur l'autre dièse antérieur à celui-ci celle de sous-sensible, etc. C'est ici que l'élève peut comprendre, et non plutôt, ces paroles qu'on a coutume de mettre en tête des solféges : *Les dièses se posent à la clef, par quintes en montant, dans l'ordre fa ut sol ré la;* il y voit que le premier dièse de cette série constitue le ton de *sol*, les deux premiers celui de *ré*, les trois celui de *la*, les quatre celui de *mi*, les cinq celui de *si*.

Non content de cela, je lui mets en tableau sous les yeux les gammes de ces cinq tons comparées à celle d'*ut*, et lui fais voir que les mêmes intervalles, majeurs ou mineurs, qui se trouvent dans celle-ci, se voient aussi dans les autres aux mêmes rangs, et qu'ils n'y seraient plus, si l'on ôtait ou l'on ajoutait quelques dièses à ces gammes ; ces diverses façons de voir une même chose sont toujours favorables à l'élève.

Je l'ai arrêté au ton de *si*, exprès pour qu'il commît une erreur en voulant aller plus loin ; il n'y manque pas; mais rien n'apprend à raisonner, comme de sentir quand on se trompe par trop de précipitation. Après le ton de *si*, conclut-il, viendrait celui de *fa* qui contiendrait six dièses ? —Pourquoi cela, lui dis-je ? — Parce que je m'élève d'une quinte, et que j'augmente d'un dièse. — Quel est ce dièse ? — C'est le *mid* qui représente la sensible. — Quoi ! le *mid* peut-il être une sensible contre le *fa* ? — Oh non, c'est contre le *fad* qu'il le serait. — Et d'un autre côté, le ton de *fa* comporte-t-il six dièses ? — Oh non plus, il ne comporte qu'un bémol sur le *si*. — Voici maintenant où est l'erreur : de quelle quinte s'élève-t-on en passant du *si* au *fa* ? — C'est d'une quinte mineure. — Et de quelle quinte fallait-il s'élever pour faire la même chose qu'en passant d'*ut* à *sol*, de *sol* à *ré*, etc. — Oh ! je le vois, c'est d'une quinte majeure; ainsi, c'est le ton de *fad* qui suit le ton de *si* et qui contient six dièses. Après lui vient le ton *d'ut* avec sept dièses.

Alors, je continue à l'interroger : Quel ton vient après celui d'*utd* ? — C'est le ton de *sold*. — Combien a-t-il de dièses ? — Il en a....... huit, mais pourtant il n'y a que sept notes : comment cela peut-il être ?...... Cette question mérite d'autant plus d'être faite, qu'aucun auteur que je sache, même théoricien, ne l'a expliquée. Je fais donc voir à l'élève qu'ici un *fa* simple dièse sort de la série pour faire place à un *fa* double dièse (*fig*. 44), qui n'est pas tout-à-fait un *sol*, comme il le sait bien, et dont la définition est de faire seconde mineure contre le *sold*; c'est dans ce sens, lui dis-je, que l'on compte huit dièses au ton de *sold*, quoiqu'il n'y en ait réellement que sept, dont un double et six simples. Il voit, après cette explication, comment le ton de *réd* contiendrait neuf dièses, savoir : deux doubles *fa* et *ut*, et cinq simples; comment le ton de *lad* en contiendrait dix, celui de *mid* onze, et celui de *sid* douze. Il prévoit qu'ensuite naissent les triples dièses, et que la théorie n'a plus ici de bornes; mais je l'avertis que la pratique se renferme dans les sept premiers tons tout au plus, ce qui n'empêche pas qu'il ne vienne quelque son double dièse quand on module dans les trois ou quatre derniers de ces sept tons, comme je lui en ferai voir des exemples.

Je le tiens encore sur ce sujet, et l'y tiens plusieurs jours avant d'en changer. Je lui fais remarquer quelles altérations le ton éprouve quand on élève la tonique de seconde majeure; que c'est comme si on l'élevait de deux quintes (*fig.* 45), et qu'ainsi le ton reçoit deux nouveaux dièses. Par exemple: ton d'*ut* point de dièses, ton de *ré* deux dièses, ton de *mi* quatre dièses, etc.; ou bien, ton de *sol* un dièse, ton de *la* trois dièses, ton de *si* cinq dièses, etc., ce qui est conforme à ce que nous connaissions d'avance; que si, au contraire, la tonique s'abaissait de quinte ou de seconde majeure, il sortirait un dièse ou deux dans l'ordre contraire qu'ils sont entrés. Il verrait aussi facilement ce qui arrive quand la tonique varie de seconde mineure, et quand elle varie seulement de demi-ton mineur ou de tout autre intervalle quelconque.

Je passe aux tons par bémols: j'aurai à en dire des choses analogues (*fig.* 46). D'abord, le *sib* étant d'une quinte majeure au-dessous du *fa*, comme le *fa* est d'une quinte majeure au-dessous de l'*ut*, et de plus, ayant dû, pour passer du ton d'*ut* à celui de *fa*, éliminer la sensible *si* et la remplacer par un *sib* qui est devenu la sous-dominante du nouveau ton, il s'en suit que, pour passer du ton de *fa* à celui de *sib*, il faut de même éliminer la sensible *mi*, et la remplacer par un *mib* qui sera sous-dominante dans le ton où l'on entre; qu'au-dessous du *sib*, et à quinte majeure d'intervalle, on prendra le ton de *mib* par l'insertion du *lab* à la place du *la*, et ainsi de suite. Par où l'on voit qu'en abaissant la tonique de quinte, il survient, à chaque fois, un nouveau bémol plus bas de quinte que le précédent, et que ce bémol dernier entré prend la propriété de sous-dominante, rejetant sur le précédent celle de tonique, sur l'antépénultième celle de dominante, etc; par où encore l'on peut comprendre ce que signifient ces paroles des solféges : *les bémols se posent à la clef par quintes en descendant, dans l'ordre si mi la ré sol*; et que le premier bémol de cette série constitue le ton de *fa*, les deux premiers celui de *sib*, les trois celui de *mib*, les quatre celui de *lab*, les cinq celui de *réb*. Ici je ferai, comme pour les dièses, le tableau de ces cinq gammes par bémols comparées à celle d'*ut*; puis j'étendrai la série jusqu'aux tons par doubles ou triples bémols (*fig.* 47), pour en rendre la théorie complète et lumineuse; enfin, j'examinerai quelles altérations le ton éprouve quand on abaisse la tonique de seconde majeure, puis quand on la fait varier d'un intervalle quelconque. Je supprime ici les détails, parce que le lecteur les suppléera aisément, d'après ce que j'ai dit sur les dièses.

Mais il reste à faire un rapprochement important entre les tons par dièses et ceux par bémols, pour rendre cette théorie tout-à-fait complète. Je prends un *ut* au milieu de l'échelle (*fig.* 48); de là je fais voir les tons par dièses s'élevant de quinte en quinte les uns sur les autres au-dessus de cet *ut*, et les tons par bémols s'abaissant de quinte en quinte au-dessous ; puis, parcourant cette échelle dans toute son étendue, d'abord de haut en bas et de quinte en quinte, l'élève voit que les dièses sortent un par un, et qu'arrivé au ton d'*ut* d'où l'on ne peut plus tirer de dièses, n'y en ayant point, les bémols entrent alors de la même manière que les dièses étaient sortis, et qu'ainsi augmenter d'un bémol est l'équivalent de diminuer d'un dièse. Cette remarque lui est ensuite confirmée en descendant l'échelle de seconde majeure (*fig.* 49), parce qu'alors les dièses sortent deux par deux, et qu'arrivé au ton de *sol*, qui n'en contient plus qu'un, ce dièse sort à son tour, et un bémol entre à la quinte au-dessous que serait sorti le second dièse, s'il y en avait eu ; ce qui établit le ton de *fa* dans la même analogie, après quoi les bémols continuent d'entrer par couples comme les dièses étaient sortis. En reparcourant l'échelle de bas en haut, soit de quinte en quinte ou de seconde en seconde, il tire les conséquences réciproques. De là, il généralise, en un seul, deux principes posés ci-dessus pour les tons par dièses et pour ceux par bémols, savoir : qu'en élevant la tonique de quinte majeure, il entre un nouveau dièse ou il sort un bémol ; qu'en l'élevant de seconde majeure, il entre deux dièses ou il sort deux bémols ; que c'est le contraire si l'on abaisse la tonique, et que toujours on peut compter un bémol sorti comme un dièse entré, *et vice versâ*. Enfin, je lui fais comparer deux tons, l'un par dièses et l'autre par bémols, dont les toniques, ne différant que de demi-ton mineur, occupent le même barreau de l'échelle, comme *sol* et *solb*, *ré* et *réb*, etc. Il remarque aisément que le nombre de bémols dans l'un de ces tons est complément du nombre de dièses dans l'autre, pour faire toujours le nombre sept (*Fig.* 50). Par exemple, il voit deux dièses en *ré* et cinq bémols en *réb*, quatre dièses en *mi* et trois bémols en *mib*, etc. ; je lui fais voir que ce fait dépend d'un principe plus général, qui est qu'en abaissant la tonique de demi-ton mineur, la gamme perd sept dièses ou acquiert sept bémols, et que c'est le contraire quand on élève la tonique de demi-ton mineur (1).

---

(1) Avant la publication des tableaux de développement qui rendent ces belles déductions plus faciles à saisir, la lecture des pages qui précèdent offrait des abstractions assez nombreuses à faire, pour que les personnes qui n'avaient pas en musique des connaissances étendues, ne vissent pas nettement toute la portée de cette série de comparaisons. Il devait en résulter un autre danger pour la gloire de Galin. Tant que les conséquences qu'il indiquait n'étaient pas devenues palpables, à l'aide d'un arrangement systématique en tableaux disposés convenablement pour chaque démonstration, il livrait une proie facile aux forbans du monde intellectuel, qui pouvaient présenter comme imaginés par eux, des arrangemens de faits implicitement compris dans l'exposition de l'inventeur de la méthode, mais d'une manière trop peu apparente pour que son droit de propriété ne fût pas susceptible d'être contesté par la mauvaise foi. Et qui sait si, en pareille occurrence, il n'aurait pas, lui aussi, trouvé dans quelque tribunal trois

Du mode mineur.

Quoique je n'aie rien dit du mode mineur jusqu'ici, pour ne pas interrompre la théorie de la formation des tons, je n'ai pas laissé, chemin faisant, d'y exercer mon élève, surtout au mode mineur de *la*, dont je lui ai appris à lier les phrases avec celles d'*ut* majeur. J'ai premièrement bien fixé son idée sur ce qui caractérise ce goût de chant, et qui le distingue du mode majeur d'*ut*, avec lequel néanmoins il a des notes communes, tout comme en ont les tons majeurs entre eux. C'est par l'accord de la base qu'il a d'abord senti la différence des deux modes, différence qui ne vient que de la médiante, comme on l'a vu ci-devant; il l'a sentie ensuite dans l'insertion du *sol* dièse à la place du *sol* pour donner une sensible à ce mode, et quelquefois encore dans l'insertion du *fa* dièse à la place du *fa* pour monter de la dominante à la tonique. Mais ce qui l'a frappé davantage, et que je lui ai fait bien observer, c'est la non-permanence de ces deux dièses et les quatre variétés qu'ils produisent dans le second tétracorde de la gamme (*fig.* 51), dont l'une, *mi fad sold la*, appartient distinctement au mode majeur de *la*; dont l'autre, *mi fa sol la*, offre un ordre réciproque au précédent entre les

---

hommes en robe noire, pourvus de la dose précise de sagacité qu'il faut pour prononcer contre l'abeille au profit des frêlons. (A. P.)

trois intervalles de seconde qu'on y voit ; et dont les autres, enfin, présentent, soit en elles-mêmes, soit par leur réunion avec le premier tétracorde, des espèces d'intervalles qu'il était loin de soupçonner, et que cependant il a chantés plusieurs fois avant de s'apercevoir qu'ils étaient d'une espèce nouvelle : je veux parler des intervalles *maximes* et *minimes*, ou, en d'autres termes, *augmentés* et *diminués*.

La première fois que je fis passer devant lui un de ces intervalles, ce fut, par exemple, *sold ut*, ou celui-ci *sold fa*, qui sont dans le mode mineur ; il put alors éprouver un moment d'embarras ; mais il fut bien facile de l'en tirer, comme je l'ai déjà fait voir dans une circonstance pareille, à l'origine des leçons. Pour le répéter ici en deux mots, je n'ai eu qu'à prendre un son dont les intervalles au *sold* et à l'*ut* lui fussent assez familiers ; le *la*, par exemple, ou le *si*, ont pu servir à cette opération, c'est-à-dire que je n'ai eu qu'à faire succéder ces deux chants dans cet ordre (*fig.* 52) : *la ut-sold la*, ou bien faire répéter ce trait : *ut si la sold*. On voit de même ce que j'ai dû faire pour l'intervalle *sold fa* ou pour tout autre.

Quand il sut chanter ces deux intervalles, je dus lui faire observer qu'ils ne ressemblaient à aucun de ceux qu'il avait chantés jusqu'alors. Pour cela, je l'interrogeai à l'ordinaire sans le prévenir de rien. Qu'est la quarte *sold ut*, lui demandai-je ? Il me répondit par ce raisonnement (*fig.* 53) :

D'abord, la quarte *sol ut* est mineure, par conséquent, la quarte *sol♯ ut* est.... est *moins que mineure;* mais cela peut-il être, nous n'en avons jamais vu de telle?.... N'importe, lui dis-je; voici la première, et le raisonnement qui nous l'a fait découvrir est fort juste. De même, continuai-je, qu'est la quinte *ut sol♯?* Alors il répondit avec assurance : Elle est *plus que majeure* (*fig.* 54), parce que déjà *ut sol* est une quinte majeure, et que le *sol*, en devenant dièse, s'éloigne de l'*ut*. Il vit de même ce qu'était la septième ou la seconde *sol♯ fa* (*fig.* 55) : l'une moins que mineure, l'autre plus que majeure; je n'eus donc qu'à lui dire qu'on appelle *maximes* ou *augmentés* les intervalles plus que majeurs, tandis qu'on appelle *minimes* ou *diminués* les intervalles moins que mineurs. Il est clair que c'est toujours l'élève qui découvre l'idée nouvelle dans la route que je lui fais suivre, et que je ne viens qu'après lui pour y poser une étiquette, y mettre un nom.

Nous avons dit autrefois comment le dièse ou le bémol peut faire passer un intervalle du majeur au mineur, ou réciproquement; il est aisé de voir ici comment ces mêmes altérations peuvent le faire passer du majeur au maxime, ou du mineur au minime, *et vice versâ* : de sorte que l'élève est à présent en état de résoudre cette question générale: un intervalle quelconque étant donné par bécarre, par dièse, ou par bémol, dire à laquelle des quatre espèces il appartient, c'est-à-dire, s'il est majeur ou mineur, maxime ou minime (1).

Nous avions vu aussi que le majeur a pour complément le mineur, *et vice versâ*; nous voyons de même à présent que le maxime a pour complément le minime, et réciproquement. Je fais remarquer encore à mon élève (*fig*. 57) que, dans l'analogie de nos définitions d'intervalles, celui que nous avions appelé *demi-ton mineur* pourrait s'appeler *unisson augmenté*, et que son complément ou renversement donne l'octave diminuée; qu'aussi l'intervalle plus petit *fad solb*, ou *mi fab*, ou *mid fa*, qu'on appelle *comma*, ou *quart de ton* chez les musiciens (2) est une vraie seconde diminuée, dont

---

(1) La route spéciale que j'ai suivie, dans le dessein de vulgariser l'emploi bien entendu des procédés mnémotechniques m'a permis de donner aux résultats obtenus par la déduction plus de fixité, en même temps que de facilité à être retrouvés avec promptitude. Après la preuve rigoureuse du rapport qui existe entre les faits, et lorsque des calculs assez délicats sont nécessaires pour en reproduire le tableau, des *formules* gravent dans la mémoire ces données qui sont retrouvées avec la plus grande aisance, et qui ne perdent rien de leur caractère rationnel, leur exactitude ayant été préalablement démontrée. (A. P.)

(2) Ce petit intervalle n'est point exactement le quart d'un ton ou d'une seconde majeure; selon l'expérience citée à la note de la page 71, il serait la moitié du

le complément est une septième augmentée. En outre, je l'avertis (*fig.* 58) que la quinte mineure *si fa*, déjà improprement appelée fausse quinte, est encore plus improprement appelée *quinte diminuée*, et que la quarte majeure *fa si*, soi-disant fausse quarte, est dite encore mal à propos *quarte augmentée*. L'élève voit bien que c'est *si fab* ou *sid fa* qui serait la quinte diminuée, et que c'est le renversement de ces intervalles qui ferait la quarte augmentée; aussi il se récrie sur ce que l'on prend ainsi les mots à contre-sens dans la musique plus qu'ailleurs : je lui réponds que c'est l'*usage*, car ce mot sert à expliquer beaucoup de choses. Enfin, je lui fais remarquer qu'on ne rend pas à son gré maximes ou minimes tous les intervalles de la gamme, la chose étant trop difficile, comme il le sentira bien, s'il l'essaie un moment. Je lui dis qu'on peut faire la septième, la quarte et la tierce diminuées, et je l'y exerce; mais qu'on ne peut pas faire telles la quinte, ni la sixte. Quant aux intervalles augmentés qu'on peut faire, ils sont les complémens de ceux-là.

Je lui explique ensuite aisément ce que c'est

---

demi-ton mineur, le tiers du demi-ton majeur, et par conséquent la cinquième partie d'un ton entier (*).

(*) Il est à regretter que Galin n'ait point indiqué la nature de cette expérience qui, si elle était rigoureuse, aurait jeté un si grand jour sur la question du comma.

(A. P.)

que deux modes relatifs, majeur et mineur, en prenant pour modèle le majeur d'*ut* avec le mineur de *la* qui sont dans cette hypothèse (*fig.* 59), et lui faisant voir que si la propriété d'*ut* se porte à un autre son de la gamme, la propriété de *la* suit la première à une tierce mineure d'intervalle par-dessous; que, par exemple, le mode majeur de *sol* a pour relatif le mineur de *mi*; ainsi de tous les autres dont je lui mets le tableau sous les yeux, et que l'exercice lui grave suffisamment en mémoire.

Il me demande alors si le mode mineur est annoncé à la clef par des dièses ou des bémols, comme l'est le mode majeur. Je lui fais voir qu'il serait inutile de l'annoncer de cette manière, à cause des variétés fréquentes auxquelles il est sujet dans son second tétracorde. Le mode mineur de *la*, par exemple, ne peut pas se désigner à la clef par le *fad* et le *sold*, parce que, quoique ces deux dièses s'y rencontrent, néanmoins ils n'y sont pas permanens. On se contente donc de ne rien mettre à la clef; mais cette désignation étant faite la même pour le mode majeur d'*ut*, elle laisse dans le doute sur le mode de la pièce écrite, et l'on est obligé de lire du moins une couple de mesures pour deviner la pensée de l'auteur. Néanmoins, ceci n'est pas un inconvénient pour mon élève, et il a bientôt vu si l'*ut*, par exemple, qu'il supposait tonique en mode majeur, n'est pas plutôt une médiante en mode mineur. De là, se rappelant ce qui a été dit de la génération des tons, il conclut généralement que l'armure de la clef par dièses ou par bémols annonce toujours *dans l'usage* l'une ou l'autre de ces deux choses, soit la tonique d'un mode majeur, soit la médiante d'un mode mineur; et que c'est à la lecture à déterminer laquelle de ces deux choses a lieu (1).

J'ai dit *dans l'usage*, car, dans le fait, l'armure de nos clefs n'annonce point le mode mineur, elle n'annonce rigoureusement que le mode majeur. Ainsi, quand on dit qu'un bémol à la clef constitue

(1) Quelques auteurs, attachant peut-être trop d'importance à cette légère incertitude, ont proposé de la lever, mais par des manières détournées: l'un voulant qu'on écrive devant la clef la note sensible; l'autre, que ce soit la médiante ou la tonique; ce qui revient parfaitement au même. Cependant la chose est inutile à ceux qui ne savent pas lire, et elle l'est encore à ceux qui savent. D'ailleurs, pourquoi feindre de dévoiler une énigme par une énigme? n'est-il pas plus simple d'en dire le mot, si l'on veut parler pour être entendu? Qu'on mette donc à la clef ce mot, *majeur*, ou celui-ci, *mineur*, si l'on tient à faire connaître le mode aux yeux un instant avant que la voix n'en décide. Il est même étonnant que cette dernière indication, franche et précise, soit exclue de la tête d'une pièce de musique, tandis qu'elle est admise, comme on sait, dans le courant de la modulation. De là, cet embarras de règles qu'on donne aux élèves pour déterminer le mode, dont l'une est de regarder les accords d'harmonie (quand il en est capable), mais dont la plus pauvre et la moins sûre est de regarder la dernière note

le ton majeur de *fa*, ou *le mineur de ré*, on énonce une fausse idée, puisqu'on ferait entendre que ces deux modes contiennent le même système de sons; ce qui ne saurait être, y ayant l'*ut* dièse dans le second mode qui n'est pas dans le premier, et au contraire l'*ut* naturel dans le premier qui n'est pas dans le second. C'est pour préserver mon élève de cette incorrection du langage, que j'ai dû établir, avec plus de précision qu'on n'a coutume de le faire, la distinction des deux modes majeur et mineur : le mode mineur, lui ai-je dit, contient, *à sa sensible près*, les mêmes sons que le majeur relatif. D'où il suit qu'en bémolisant la sensible du mode mineur (comme en faisant du *sol* dièse un *sol* bécarre), on entre sur la dominante du mode majeur relatif; et aussi qu'en dièsant la dominante du mode majeur, on entre sur la sensible du mineur relatif.

Je regarde donc comme de fausses notions qu'on donne aux élèves (de leur dire qu'on descend la gamme mineure avec d'autres sons qu'on ne la monte.

---

de la pièce. Il est clair que ces règles ne sont que pour les yeux, qu'elles ne vont pas à l'esprit, et qu'elles sont dédaignées de ceux qui savent lire ; mais leur existence prouve l'insuffisance des méthodes pour accoutumer l'oreille à la distinction des tons et des modes, et qu'on croit y suppléer en accoutumant les yeux à la distinction des purs signes qui représentent ces idées. C'est comme si l'on faisait lire à un enfant des mots d'une langue étrangère, pour la seule fin de les lui entendre articuler.

C'est les jeter dans l'indécision sur la composition de cette gamme. La gamme majeure a bien, quand on veut, le même privilége, et ce privilége-là n'est autre chose qu'une modulation, c'est-à-dire un changement de ton ou de mode. Ainsi, en faisant remarquer aux élèves que le second tétracorde de la gamme mineure est sujet à de fréquentes variétés, on ne devrait pas se dispenser de leur dire que ces variétés diverses constituent autant de diverses modulations, et qu'il est absurde de les représenter comme appartenant toutes à la même gamme; ainsi de ces quatre variétés: (*Fig.* 60.)

mi fa sol la ,
mi fad sold la ,
mi fad sol la ,
mi fa sold la ,

la première appartient incontestablement au mode majeur d'*ut*; la seconde, au mode majeur de *la*; la troisième, au mode majeur de *sol* (ou au mineur de *mi*); et la quatrième, seulement au mineur de *la*.

Ce qui engendre le mode mineur et le caractérise, ce n'est pas seulement l'altération de certains sons de la gamme naturelle, car cette altération peut n'amener qu'un changement de ton en conservant le mode le même, comme il arrive par exemple, si l'on dièse le *fa* ou si l'on bémolise le *si*, etc.; mais c'est l'insertion d'intervalles *aug-*

mentés et d'intervalles *diminués* parmi les intervalles majeurs et mineurs. C'est là ce qui produit évidemment des impressions et des idées nouvelles que ne pouvait pas faire naître la gamme ordinaire, puisqu'elle ne contient que des intervalles majeurs et mineurs seulement. Ainsi, dans le mineur de *la* on trouve la septième diminuée *sold fa*, la quarte diminuée *sold ut*, et une seconde avec une quinte augmentées qui sont le renversement de ces deux intervalles. Voilà comment je prémunis mon élève contre l'erreur de ceux qui représentent la gamme mineure par ces deux systèmes de sons :

en montant *la si ut ré mi fad sold la ;*
en descendant *la sol fa mi ré ut si la,*

On ne peut pas mieux méconnaître le caractère du mode mineur, qu'en le représentant de cette manière. On insère le *fad*, dit-on, pour adoucir la dureté de la seconde augmentée *fa sold*; et c'est justement cette seconde qu'on élimine, qui aurait caractérisé le mode.

Si, maintenant, je lui explique la succession des tons dans un morceau de musique, je le fais facilement par le plus grand nombre de notes communes que deux tons puissent avoir, ce qui rend la transition beaucoup plus douce que s'ils en avaient moins. Par-là, il se rend aisément raison pourquoi à la sortie d'un ton on prend d'abord celui de la dominante ou de la sous-dominante (*fig.* 61), car il reste six notes communes, ou le plus qu'il y en puisse avoir, pour établir la liaison ; il apprend que la modulation sur les notes communes, surtout aux trois notes d'accord parfait qui en font partie, sert à préparer l'entrée au nouveau ton, et à annoncer le dièse ou le bémol qu'il va contenir avant qu'on l'ait entendu sonner. Il s'explique de même pourquoi aux changemens de mode, sortant du majeur, on prend le mineur de la même base, ou celui de la sous-sensible (*fig.* 61 *bis*); car le quintacorde de la base au mineur est tout composé de notes du majeur dans le second cas; on n'a changé que sa médiante dans le premier cas, tandis que le trétracorde, complément de la gamme, est en partie commun aux deux modes, sauf les altérations auxquelles le mineur est sujet dans sa sixième et septième notes.

Au point où nous en sommes parvenus, il manque peu de chose à mes élèves pour compléter leur instruction, sinon une pratique suffisante sur tout ce qui précède : c'est à quoi je consacrerai les quatre derniers mois de ce cours, en y comprenant aussi tout ce qui concerne la mesure ; mais ne parlant encore que de l'intonation, voici, je crois, le plus fort exercice qu'on puisse leur demander : je marque à la baguette une série de phrases plus ou moins composées, dont je change continuellement le ton ou le mode ; passant ainsi jusqu'aux tons les plus éloignés; alors, à chaque transition qui s'opère, l'élève dit le nouveau ton que l'on prend ; or, ce n'est que par les propriétés abstraites ou générales des notes qu'il peut le reconnaître, il faut donc que ces propriétés soient bien gravées dans son esprit.

En outre, je prends un ton quelconque qui ait des cordes communes avec celui d'*ut*, et de ces cordes communes je compose des phrases dont le ton ne laisse pas que d'être bien prononcé. Je pose ces phrases sous les yeux de l'élève qui aussitôt détermine à la lecture le ton et le mode dans lequel chacune se trouve écrite ; et il lui ajoute même une terminaison tonique, si j'en ai laissé le sens suspendu. Cette opération est d'autant plus extraordinaire, que l'élève n'a ici pour se conduire que le jugement de l'oreille sur les impressions que le chant lui fait éprouver. Il ne peut point juger par ses yeux, puisqu'il ne voit ni dièses ni bémols dans ces phrases, et qu'au contraire il se propose de reconnaître quels sont ceux qu'on y a sous-entendus. Il ne juge pas non plus par la dernière note de la phrase, puisque j'évite, quand je veux, de la terminer, et qu'alors il la termine lui-même. Il s'ensuit donc que je lui ai appris à sentir la tendance tonique du chant, et qu'il sait effectivement reconnaître, à l'audition, sur quelle note une phrase court au repos. C'est par là qu'il sait faire l'analyse d'une pièce de musique, et aucun musicien ne la sait faire autrement.

Soit par exemple ces diverses phrases (1) :

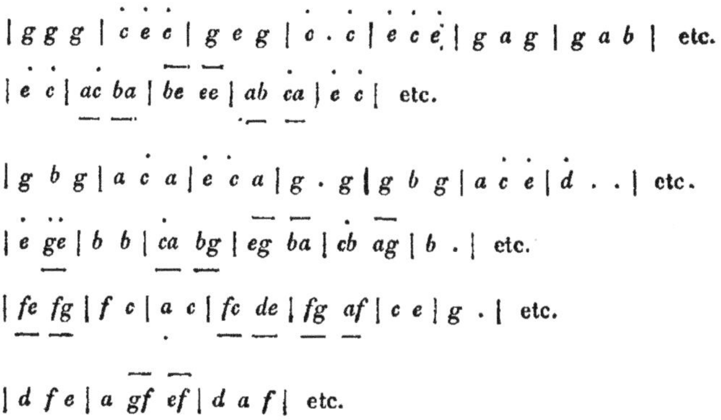

| g g g | c e e | g e g | c . c | e c e | g a g | g a b | etc.

| e c | ac ba | be ee | ab ca | e c | etc.

| g b g | a c a | e c a | g . g | g b g | a c e | d . . | etc.

| e ge | b b | ca bg | eg ba | cb ag | b . | etc.

| fe fg | f c | a c | fc de | fg af | c e | g . | etc.

| d f e | a gf ef | d a f | etc.

Il n'est pas un de mes élèves qui, en les lisant ici, n'ajoute à la première un *c* pour finale; à la seconde, un *a*; à la troisième, un *g*; à la quatrième,

---

(1) Voici, pour les personnes auxquelles les lettres, prises comme notes, seraient moins familières que les chiffres, une traduction de ces phrases :

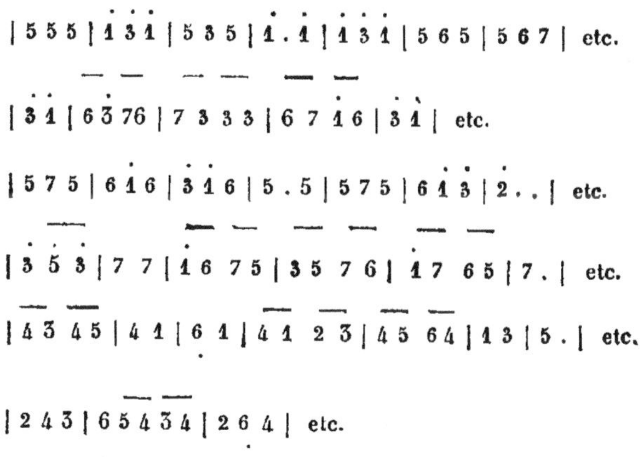

| 5 5 5 | 1 3 1 | 5 3 5 | 1 . 1 | 1 3 1 | 5 6 5 | 5 6 7 | etc.

| 3 1 | 63 76 | 7 3 3 3 | 67 16 | 3 1 | etc.

| 5 7 5 | 6 1 6 | 3 1 6 | 5 . 5 | 5 7 5 | 6 1 3 | 2 . . | etc.

| 3 5 3 | 7 7 | 16 75 | 35 76 | 17 65 | 7 . | etc.

| 43 45 | 4 1 | 6 1 | 41 23 | 45 64 | 1 3 | 5 . | etc.

| 2 4 3 | 6 54 34 | 2 6 4 | etc.

Finale *c*, UT. — Finale *a*, LA. — Finale *g*, SOL. — Finale *e* MI. — Finale *f*, FA. — Finale *d*. RÉ. (A. P.)

un *e;* à la cinquième, un *f;* à la sixième, un *d.* Que j'écrive des phrases en d'autres tons, par dièses ou par bémols, en évitant d'y employer tous les accidens du mode et en n'y en mettant que quelques-uns, il est évident que l'élève saura découvrir de même quels sont les autres accidens sous-entendus, d'après la détermination de la tonique ; ainsi, par exemple, il jugera que cette phrase :

f | *d bb cb ab* | *c c c ff* | *c cc dc ba* | etc. (1).

est dans le ton de *si* bémol, mode mineur, et que par conséquent il peut s'attendre à y voir paraître, outre le et *b* le *d*, encore le *e* et le *g* qui sont de ce ton (2).

Il suit de ce qu'on vient de voir, qu'il saura lire aussi une pièce de musique dont on effacerait l'armure de la clef, qu'on rejetterait toute ou en partie dans le courant de la pièce ; ce qui est un vrai tour de force dont on a souvent dit que les seuls Italiens étaient capables. Le *Stabat* de Pergolèse est écrit de cette manière ; il commence en *fa*, mode mineur, et la clef ne présente que trois

---

(1) Ce signe (\ ) désigne le bémol : il devrait traverser le corps de la lettre, comme il a été dit page 66.

(2) Voyez la traduction de cette phrase en chiffres, figure 62 ; voyez aussi la note de la page 36. (A. P.)

bémols : le quatrième , qui est *ré* bémol, étant rejeté dans le courant de la modulation. C'était ainsi l'usage des anciens musiciens, fondé sur je ne sais quels motifs, de mettre à la clef un bémol de moins que nous dans les modes mineurs. Mais , outre ces exemples, les morceaux de récitatifs nous en offrent d'autres où toute armure de clef devient presque inutile par la multitude des modulations qu'on y pratique; et il faut bien, pour les lire, savoir faire l'opération dont je parle.

C'est pendant cette sorte d'exercice que je lui explique les règles générales de la modulation, la manière de préparer les changemens de ton et de métamorphoser les propriétés des notes. J'ai dit ailleurs combien ces propriétés mobiles lui causent de surprise et de plaisir : elles seraient dignes d'en causer à des philosophes; ils y trouveraient, je m'assure, un beau sujet d'admiration, car c'est là que se passent les plus grands phénomènes de la musique ; c'est là que les ont puisés, pour émouvoir nos ames, tant de beaux génies dont nous révérons les chefs-d'œuvre. Ils n'étaient pas seulement *inspirés* pour créer ces chants sublimes, mais ils avaient profondément observé les singuliers effets dont je parle. Le vulgaire voit de l'inspiration là où il ne découvre pas les vraies causes; mais l'inspiration, telle que le hasard, n'est qu'un mot qui n'explique rien : c'est la science qui doit expliquer tout.

Des clefs et du ton absolu.

Il ne me reste plus qu'à faire connaître à mon élève la destination des clefs en musique et la manière usitée de prendre le ton; je dis la manière usitée, car depuis long-tems il en sait une autre dont je parlerai tout à l'heure. Avant tout, je dois lui faire connaître la construction du piano: pour cela, je le mets devant un clavier, ou seulement je lui en dessine un. Je lui fais remarquer la distribution des touches noires par groupes de deux et de trois, et celle des touches blanches par groupes de trois et de quatre, où sont intercalées les noires, excepté dans les endroits de la jonction des groupes. Je lui propose alors de découvrir de lui-même les noms des touches blanches qui sont pour les notes dites naturelles....... Il raisonne sur cette question : s'il n'y a pas de noires à la jonction des groupes blancs, il faut que ce soient là les endroits de la gamme où l'on ne fait pas de dièses ni de bémols; c'est donc là que sont placées les deux secondes mineures *mi fa* et *si ut* ; les jonctions font donc cette série :

..... *mi fa*..... *si ut*..... *mi fa*..... *si ut*.....

d'où il est clair, puisque *fa si* est une quarte et *ut mi* une tierce, que les groupes de trois blanches sont *ut ré mi*, et les groupes de quatre sont *fa sol la si*.

Maintenant je lui fais observer qu'il y a plusieurs octaves consécutives dans le clavier, et que les clefs mises aux portées sont pour désigner dans laquelle de ces octaves doit être exécuté le chant écrit; car il pourrait également s'exécuter dans toutes. Je lui fais voir l'*ut* du milieu du clavier, et je lui dis que c'est cet *ut* que désigne toute clef d'*ut* sur les lignes noires de la portée; qu'ensuite la clef de *sol* désigne la quinte au-dessus de cet *ut*, et la clef de *fa* la quinte au-dessous. Voilà pour ce qui concerne les clefs.

Cela posé, je lui représente que les mots *ut*, *ré*, *mi*, etc., ne désignent à son esprit que des sons *relatifs* à celui d'entr'eux qu'il veut prendre pour tonique, et dont l'intonation plus ou moins haute a jusqu'ici été entièrement de son choix. Je l'avertis qu'il n'en est pas de même pour les autres musiciens, et que, par ces mots, il leur plaît d'entendre des sons *fixes*, tels que le caprice a pu les établir sur le piano; car aucune règle naturelle n'a pu y concourir, puisqu'il n'y a pas de sons fixes dans la nature, que ceux qu'on croit rendre tels par la tension des cordes, la longueur des tuyaux, ou autrement, sont sujets à varier par les influences de l'atmosphère, par le froid ou le chaud, le sec ou l'humide, etc.; et que l'oreille, enfin, ne pouvant rigoureusement conserver le souvenir d'un tel son, la voix elle-même ne peut le reproduire que par une assez grossière approximation (1). Cependant, continuai-je, cette approximation, toute grossière qu'elle est, n'étant pas regardée comme indifférente, voici ce qu'il y a de mieux à faire pour l'obtenir : c'est de mesurer au piano les limites de notre voix, de remarquer où atteint le son le plus grave ou bien le plus aigu qu'elle puisse exprimer nettement : ce sera un *la* pour les uns, un *sol* pour les autres, etc. ; d'où il est clair qu'en partant de cette limite une fois connue, l'élève doit parcourir sur-le-champ la série des sons du clavier et aller prendre avec assurance la tonique indiquée par la clef d'une musique qu'il a sous les yeux ; je dis du moins cette tonique telle que la contient l'instrument sur lequel il a mesuré sa voix ; car il faut bien lui avouer que tous les pianos ne sont pas montés au même ton, ni même tous les orchestres du monde ; en outre, faut-il lui dire que les limites de sa voix (sans parler de son timbre) sont mobiles aussi par les mêmes influences qui font varier le ton des instrumens ; qu'à cela près, il aurait un moyen rigoureux de retrouver en lui-même tel ou tel ton, et qu'il serait sûr alors

---

(1) Ce serait donc une peine inutile que de faire étudier ton par ton aux élèves l'intonation absolue de l'instrument dont ils se servent, qui est monté d'après l'orchestre du lieu, et même ordinairement plus bas, car ceci ne leur servirait de rien pour un autre orchestre, supposé même qu'ils parvinssent à reconnaître les tons sur celui-là. Il y a un moyen plus simple à prendre : voyez-le dans le texte.

de chanter aujourd'hui au même ton qu'il aurait chanté hier.

J'ai dit que mon élève a une autre manière de prendre le ton convenable à un chant proposé. Cette manière est d'autant plus remarquable, qu'elle n'exige pas que la clef annonce ce ton ; il suffit que le chant soit écrit dans un ton quelconque, quand même il serait trop bas ou trop haut : voici en quoi elle consiste. L'élève remarque dans toute la suite de ce chant les deux limites entre lesquels il est compris (1), ou seulement l'une de ces limites, il y applique la limite analogue de sa voix sous la propriété que l'exige celle du chant, c'est-à-dire, comme sensible, ou comme médiante, ou, etc. ; et de là il atteint aisément la tonique, soit sous le nom d'*ut*, soit sous tout autre qu'il veut lui donner. Voilà le ton effectif (2) établi convenablement à l'espèce de sa voix, quoique le chant ait pu être fait pour une

---

(1) Il serait commode au lecteur que l'on écrivît ces deux limites en tête de la pièce de musique, à la clef, pour lui éviter la peine de la recherche. Il est des améliorations si simples, qu'elles semblent n'avoir besoin que d'être indiquées pour être admises.

(2) Le lecteur doit se rappeler ici la distinction que j'ai faite ailleurs du *ton effectif* au *ton noté* : le premier étant celui que prend réellement la voix du chanteur, et le second étant celui d'après lequel il solfie les notes : en sorte qu'il peut chanter, par exemple, au ton effectif de *la*, en solfiant au ton noté de *ré* ou d'*ut*, ou de toute autre note.

autre espèce. En outre, il mesure ce ton par l'échelle des sons fixes, d'après les limites connues de sa voix, relativement au piano, c'est-à-dire, qu'il examine sous quelle propriété sonnent ces limites dans le ton effectif qu'il a pris ; et leur appliquant les noms absolus que le piano leur impose, il voit tout de suite le nom absolu que sa tonique porterait sur le même instrument. Il peut donc dire à quel ton le chant proposé aurait dû être écrit pour l'espèce de sa voix, c'est-à-dire comment la clef aurait dû être armée. C'est par la même raison, qu'en écrivant un chant sous dictée, il l'écrit à volonté au ton et à la clef qui convient pour chaque espèce de voix dont je lui ai aussi appris les limites. Sur quoi je n'ai pas besoin d'avertir que, si les limites du chant sont plus rapprochées que celles de la voix à laquelle on le destine, ce chant peut évidemment être écrit en plus d'un ton, sans gêner le chanteur.

Pour donner un exemple de la manière de prendre le ton, qui vient d'être décrite, je suppose que la limite grave du chant qu'on a sous les yeux soit une médiante, et que l'on veuille solfier à l'alphabet d'*ut* ; alors on prend sous le nom de *mi* le son le plus grave de sa voix, et de là on atteint aisément l'*ut* qui est la tonique cherchée. Mais si l'on voulait, dans la même hypothèse, solfier à l'alphabet de *la*, alors on prendrait sous le nom d'*utd* la limite grave de sa voix, d'où l'on s'élèverait au *la*, qui est la tonique. D'un autre côté, le lecteur sachant que la limite grave de sa voix est, je suppose, un *sol* du piano, il se demande quel est le ton où le *sol* sert de médiante; et comme il trouve que c'est le ton de *mib*, il en conclut que c'est dans ce ton effectif qu'il vient de chanter, et qu'il aurait pu de prime abord en employer l'alphabet.

L'élève comprend donc maintenant pourquoi l'on est obligé d'écrire la musique à divers tons : cela s'est fait d'abord à cause des instrumens qui ne peuvent pas changer les noms des notes en en changeant les propriétés, au lieu que les voix peuvent transporter une même échelle de noms à tous les degrés possibles. En second lieu, quoique les voix puissent se passer à la rigueur des diverses armures de la clef, et prendre toujours sous le nom d'*ut* la tonique de départ, néanmoins, quand elles s'accompagnent de quelqu'instrument, on préfère qu'elles dénomment les notes de la même manière que l'instrument lui-même. Toutefois il faut avouer que ce n'est pas indispensable, et que le chanteur peut là-dessus se mettre à son aise, sans que l'instrument en soit ni plus ni moins dérangé que si l'autre exprimait les paroles d'une ariette en place des syllabes de la gamme. Mais, par une raison beaucoup plus importante, je préfère que mon élève prenne ordinairement l'*ut* pour tonique de départ (quoiqu'on ait vu qu'il puisse faire autrement) : c'est pour que, dans la lecture des bons auteurs dont il fera son étude, il puisse plus aisément remarquer et retenir les entrelacemens de tons et de modes, et comparer un auteur à un autre;

car, par exemple, deux chants renfermeraient des traits et des transitions analogues ou presque pareils, que, pour le reconnaître au juste, il faudrait nécessairement les rapporter à un même ton écrit; alors seulement les ressemblances ou les différences sont à découvert et se montrent d'elles-mêmes : ainsi il faut faire à l'élève cette recommandation expresse à la fin de son étude, autrement il solfierait au premier ton venu, parce que ce lui serait indifférent, et néanmoins il n'en retirerait pas de beaucoup le même fruit. Je parle ici par expérience autant que par spéculation. J'éprouve tous les jours, en dictant des phrases à mes élèves, qu'ils les notent, si je les laisse faire, avec le premier alphabet qui leur tombe dans l'esprit, c'est-à-dire, qu'ils supposent partir indifféremment du ton de *fa*, ou de *sol*, ou de *la*, ou d'un autre ton, et qu'ils continuent dans cette hypothèse. Mais je les oblige à prendre toujours un même point fixe de départ, pour qu'ils remarquent mieux la diversité des routes qui, dans la modulation, les en éloignent et les y ramènent (1).

Que l'on mette maintenant sous ses yeux une pièce de musique, il me semble que l'on doit trouver dans la masse d'idées qu'il a acquises une raison suffisante de croire qu'il va savoir la lire à la première vue, ou du moins après quelques mi-

(1) Galin résume dans ces deux lignes toute la philosophie de sa méthode : *Avoir un signe distinct pour chaque idée ; mais n'en avoir qu'un seul.* (A. P.)

nutes d'examen, si le cas l'exige (1) (sans parler du fait d'expérience qui a déja précédé l'exposition de mes moyens). En effet, à l'armure de la clef, il reconnaît sur quelle ligne de la portée est posée la note tonique; il dénomme cette note *ut* ou autrement; il prend le ton, soit d'après la clef, soit d'après les limites observées du chant qu'il va exécuter; il prend le mouvement de la mesure de la manière qui sera dite ci-après; il lit (c'est-à-dire, il chante) : s'il rencontre des dièses ou des bémols,

---

(1) Le mot de *livre ouvert* pourrait être pris par quelques uns dans un sens si étroit, si rigoureux, qu'ils me nieraient tout court l'assertion, mais il faut dire qu'ils la nieraient de même au premier musicien du monde. S'il s'agissait d'une gageure, par exemple, l'adversaire ne manquerait pas de chicaner sur la matière inépuisable de la *justesse* des sons et de *l'égalité* des temps, qu'il ne trouverait jamais assez parfaites à son gré; car il verrait soi-disant dans l'une des *comma* de différence, et dans l'autre des *millièmes* de seconde. Surtout il ne souffrirait pas que le lecteur se reprît subitement d'une faute, si légère ou si grossière qu'elle fût. Je doute que quelqu'un, à ces conditions, voulût hasarder de lire deux pages d'un livre, ni qu'en même temps cela lui parût une raison suffisante d'avouer qu'il ne sût pas lire à *livre ouvert*. Ainsi, pour diminuer autant que possible cette espèce de chicane, je modifie ici le texte, et je demande le quart-d'heure pour mon élève. Ceux qui trouveront que c'est beaucoup, trouveraient encore trop de cinq minutes. Ces gens-là sont trop difficiles à contenter. Qu'ils cherchent ailleurs une meilleure méthode.

il sait les entonner; s'il rencontre des bécarres pour détruire l'armure de la clef, il les traite comme bémols quand la clef est armée par dièses, et il les traite comme dièses quand la clef est armée par bémols : il remarque, à l'oreille, les changemens de tons et de mode par le changement de propriété des notes; même il les remarque, s'il y a lieu, avant l'apparition du dièse ou du bémol qui doit les confirmer, et il sait alors que ces signes se trouvent dans les autres parties de l'harmonie (1). En un mot, on ne s'attend pas qu'il lui soit plus difficile de chanter sur une suite de points noirs écrits que sur une suite imprévue de coups de baguette.

---

(1) Quant aux bécarres employés pour détruire les dièses ou les bémols d'une mesure antérieure, et quant aux dièses ou bémols employés pour rentrer dans le ton de la clef d'où quelque bécarre aurait fait sortir, ces signes-là sont d'abord inutiles, puisque les musiciens ont posé pour principe qu'un dièse ou un bémol n'a d'effet que dans la mesure actuelle (encore vaudrait-il mieux que ce ne fût que sur la note actuelle), et n'en saurait avoir sur les mesures ultérieures. En second lieu, ils sont nuisibles à la lecture, puisqu'ils trompent le lecteur en l'avertissant de chercher une note qu'il avait sans cela sur les lèvres ou sous les doigts. Par cette double raison ces signes doivent être exclus d'une écriture correcte et régulière, outre qu'ils ne sont pas d'un usage universel; car, il faut le dire, ces signes-là ne sont que de pur caprice, et se sont glissés dans la musique contre toutes les règles. Pourquoi est-on si facile à laisser corrompre la pureté des bons signes, tandis qu'on est si sévère sur la conservation des mauvais ?

Dès qu'il connaît la destination des touches blanches du piano, l'élève me demande comment on fait les dièses sur cet instrument ; je lui réponds que c'est par les touches noires. — Et les bémols, continue-t-il ? — Par les touches noires aussi. — Comment ! dièses et bémols par les mêmes touches !.... — Oui, lui dis-je ; et que faut-il en conclure ? En conclure, dit-il, que l'instrument est faux ; la chose est évidente, car les dièses ne ressemblent point aux bémols. Et pourquoi donc veut-on les faire ressembler ? — Ce n'est pas, lui dis-je, pour la pureté de l'harmonie, mais c'est, sans doute, pour simplifier le jeu de l'instrument. —Et n'a-t-on pas cherché quelque moyen de rendre l'instrument juste sans en compliquer le jeu ? Par exemple, puisque par des pédales on peut assourdir ou éclaircir les sons, ne pourrait-on pas, par des moyens analogues, faire passer le système des touches noires de l'état de dièses à celui de bémols, *et vice versâ* ? — C'est ce qu'il faut proposer aux facteurs d'orgues, lui dis-je. Au reste, il se pourrait que ce fut par des moyens analogues qu'on a fait autrefois en Angleterre, et je crois même en France, des pianos à *clavier courant*, au moyen desquels on pouvait tout exécuter par le doigter naturel, et où, par conséquent, tous les tons étaient justes. Il semble que cette invention devait abréger beaucoup l'étude de cet instrument, puisqu'un seul doigter en remplaçait une quinzaine d'autres. Je ne sais pas au juste pourquoi on l'a abandonnée : peut-être est-ce parce qu'elle exigeait une connaissance profonde de la musique, au-delà de ce qu'en enseignaient les méthodes alors connues, et de plus une égale facilité à lire toutes les clefs, condition décourageante, quand on n'en apprenait qu'à grande peine une couple, à quoi on les avait insensiblement toutes réduites pour s'épargner un excès d'ennui. Mais si, par la méthode que j'expose, on se convainc qu'il est aisé d'apprendre toutes les clefs, et le reste en moins d'une année, on sera moins éloigné, peut-être même on sera désireux de voir renaître le piano sous cette forme dont je parle, qui en doit rendre l'étude beaucoup moins longue pour ceux que ma méthode aura préparés à savoir s'en servir.

Enfin, continue-t-il, que fait-on des touches noires? sont-elles toutes dièses, ou toutes bémols, ou partie en bémols et partie en dièses? laquelle de ces trois choses a lieu? — Peut-être aucune, lui dis-je, car cela dépend du système de l'accordeur: les uns, voulant conserver la justesse des tons les plus voisins d'*ut*, comme ceux de *sol* et de *fa*, de *ré* et de *sib*, accordent juste les deux dièses *fa* et *ut*, ainsi que les deux bémols *si* et *mi;* or, quand viennent les troisièmes tons de ces deux séries, le ton de *la* d'un côté et le ton de *mib* de l'autre, le premier demande le *sold* et le second demande le *lab;* mais, comme on s'impose la condition de les faire par une seule et même touche, il est clair que le problême est insoluble sous ce point de vue : on est donc réduit à choisir; alors on préfère le *sold*, parce qu'il appartient aussi au mode mineur de *la*, dans lequel on passe plus fréquemment que dans le mineur d'*ut* qui demanderait le *lab*. Les choses étant ainsi arrangées, on a donc trois dièses justes et deux bémols, et l'on peut jouer juste en cinq tons majeurs, mais non pas dans tous leurs mineurs relatifs; car il faudrait avoir le *réd* pour le ton de *mi*, et le *lad* pour le ton de *si*. Somme toute, on est bien à l'étroit entre si peu de tons.

Mais ne voulant pas abandonner encore le système de l'unité des touches noires, et ne pouvant pas réussir dans ce système à rendre tous les tons justes, d'autres ont imaginé de les rendre tous faux. il est vrai qu'ils ont su présenter leur idée d'une manière assez spécieuse, en faisant envisager le problème comme une *petite erreur* à répartir sur un *grand intervalle*, tel qu'est la somme de douze quintes; car, disaient-ils, si l'on accorde juste la suite des quintes en montant depuis l'*ut*, on arrive en douze quintes au *sid* qui ne diffère que très-peu de l'*ut* auquel on voudrait qu'il fût égal; donc, si l'on augmente chaque quinte (1) d'une quantité

---

(1) Je dois relever ici une erreur grossière dans laquelle tombent quelques partisans de ce système, quand ils disent qu'il faut *affaiblir* les quintes pour aller atteindre l'*ut* supérieur, sous prétexte que la suite de douze quintes conduit à un *sid plus haut* que l'*ut* voisin. Il ne faut pas savoir ce que c'est qu'un dièse, pour émettre une telle opinion. Mais ceux-là soutiennent que quatre quintes font

imperceptible qui soit la douzième partie de cette première différence, celle-ci sera, pour ainsi dire,

---

une tierce majeure trop forte, que deux quintes font une seconde majeure trop forte aussi, c'est-à-dire, en d'autres termes, qu'ils nient la parfaite égalité des six quintes majeures qui sont dans la gamme : *fa ut*, *ut sol*, *sol ré*, *ré la*, *la mi*, *mi si* ; et par conséquent ils nient de même la parfaite égalité de tous les intervalles d'une même espèce, comme des tierces majeures d'un côté, des tierces mineures de l'autre, des secondes majeures entr'elles, etc., etc. ; en un mot, ils renversent les principes les mieux établis de la musique, ceux sur lesquels aucun musicien n'élève le moindre doute. Il faut donc les renvoyer à ce qui a été dit plus haut sur la manière de démontrer aux commençans ces vérités qui sont d'expérience journalière. Ici je vais examiner sur quoi ils se fondent dans leur dénégation : ils disent que c'est sur une expérience contradictoire aux premières qu'on a pu établir avant que la science eût fait assez de progrès ; voyons si cela est possible : on accorde *parfaitement juste*, me dit-on, douze quintes de suite........ Ici je demande qu'on me prouve d'abord qu'il n'y a pas sur chacune de ces quintes *parfaites* un dixième de comma de trop. Je ne pense pas qu'on ose dire que l'oreille d'aucun musicien en puisse décider. De-là, si l'on me fait voir que le *sid* de la douzième quinte est plus haut que l'*ut* voisin, je crois être fondé à l'attribuer à l'erreur douze fois répétée qu'on a faite.

Mais ce n'est pas ainsi que raisonnent les partisans des quintes inégales ; ils forcent l'expérience dans sa préparation, afin de lui faire exprimer un résultat qu'ils avaicnt découvert par une autre voie. Il est même probable que cette expérience n'a jamais été faite, parce qu'on a dû la croire assez bien démontrée *à priori*, par le calcul que l'on va voir, qui est fondé sur de fausses hypothèses.

effacée sans que l'on s'en soit aperçu : et si l'on renforce de cette même quantité les quintes en descendant, on formera une suite de bémols égale à celle des dièses que l'on vient d'obtenir. En réduisant ce paradoxe à sa plus simple expression, on trouve qu'il revient à partager l'octave en douze

---

Le rapport de quinte majeure, pose-t-on en principe, est de 2 à 3, et le rapport d'octave est de 1 à 2 (cela signifie que deux cordes dont les longueurs sont prises dans ce rapport, sonnent *à peu près* la quinte majeure ou l'octave, en leur supposant d'ailleurs même tension, même grossenr, même densité, etc.) ; or, quatre quintes majeures consécutives donnent (octaves retranchées) une tierce majeure dans le rapport de 64 à 81, parce que $\frac{3}{2} \cdot \frac{3}{2} \cdot \frac{3}{2} \cdot \frac{3}{2} \cdot = \frac{81}{16}$, dont le $\frac{1}{4}$ est $\frac{81}{64}$; en outre, trois tierces majeures de suite, à partir de l'*ut*, font l'équivalent de douze quintes (octaves retranchées), et conduisent à un *sid* dont le rapport avec l'*ut* de départ est de 262144 à 531441, parce que $\frac{81}{64} \cdot \frac{81}{64} \cdot \frac{81}{64} = \frac{531441}{262144}$. Or, ce dernier rapport est plus grand que celui de 1 à 2 qui exprime l'octave; donc, conclut-on de là, le *sid* dont il s'agit est plus haut que l'*ut* qui lui est adjacent.

Ce n'est pas ce qu'il fallait conclure; il fallait faire ici la réduction à l'absurde, et dire au rebours : *donc le rapport de quinte, qu'on a supposé être de* 2 *à* 3, *implique contradiction avec celui d'octave supposé de* 1 *à* 2; *et si ce dernier est juste, le premier n'est pas rigoureusement tel* (puisqu'il pourrait s'en suivre l'absurdité qu'un *sid* fût plus haut que l'*ut* voisin) ; *mais il est un peu moindre, quoique ce soit d'infiniment peu.* En effet, la différence n'est que d'une septième ou huitième partie de comma, ou la quinzième partie d'un demi-ton mineur.

semi-tons moyens qui seront chacun moindres que le demi-ton majeur de $\frac{5}{12}$ de comma, et plus forts que le demi-ton mineur de $\frac{7}{12}$ de comma : d'où résultent des secondes majeures plus fortes de $\frac{2}{12}$ de comma que celles de la vraie gamme, puis des tierces majeures trop fortes de $\frac{4}{12}$, etc, etc. En un mot, pas une intervalle de juste (sinon l'octave); tous les mineurs trop faibles et tous les majeurs trop forts. Par où l'on voit que ce *grand intervalle* dans lequel on voulait fondre une petite erreur, n'est autre chose que l'étendue d'une gamme dans laquelle on dissémine cinquante différences qui, venant toutes frapper l'oreille à coups redoublés, l'importunent d'une étrange manière.

On ne s'étonnera donc pas que ce système ait été rejeté; mais, ce qui pourra surprendre, c'est que quelques-uns l'aient combattu par une métaphysique assez singulière. Dans ce système, disaient-ils, tous les tons se ressemblent, tous les modes aussi; chacun d'eux perd l'expression qui lui est propre et qu'il avait dans l'ancien système. Dans celui-ci, continuaient-ils, un même chant, transposé d'un ton à un autre, y prend en effet une nouvelle couleur, à raison de l'altération que subissent plusieurs intervalles : les mineurs deviennent plus sombres, les majeurs plus gais; il y a enfin une diversité dans tous ces tons, qu'on peut regarder comme une richesse acquise à la musique.......Mais, répondaient les autres, il est plaisant de présenter un vice d'intonation comme une richesse de l'art; et, quand on a fait de vains efforts pour s'en délivrer, comme d'un défaut, d'essayer des efforts contraires pour le conserver comme une beauté. Rameau pourtant avait donné dans cette métaphysique, mais il l'abandonna pour proposer le nouveau système qu'on vient de voir; alors il soutint que, suivant l'intention de la nature, l'échelle diatonique doit être parfaitement la même dans tous les tons ; que l'opinion contraire est un faux préjugé; que le caractère d'un air ne peut venir que de l'entrelacement des tons et des modes, de la mesure plus ou moins vive, du ton plus ou moins grave, plus ou moins aigu, qu'on assigne au générateur, et des cordes plus ou moins belles, plus ou moins sourdes, plus ou moins faibles, plus ou moins fortes, qui s'y rencontrent.

Voilà soutenir un mauvais système par de bonnes raisons qui n'y cadrent point; car d'ailleurs tout cela résulte évidemment des principes qui ont été exposé dans cet ouvrage. Cependant on trouve des idées fort différentes dans des livres de physique, d'ailleurs estimables, mais dont les auteurs ne montrent pas être au fait de la question du *tempérament* qu'ils ont voulu traiter. Telle est cette fameuse question, la pierre philosophale de la musique (car chaque science a eu la sienne), qu'on s'y propose de faire rendre, par de mêmes cordes invariables, les sons dièses et les sons bémols, c'est-à-dire, par exemple, un *lad* et un *sib*, un *sid* et un *ut*, etc. On en cherchera vainement le moyen, tant qu'on s'imposera cette absurde condition ; mais en se débarrassant de cette entrave, il arrivera peut-être que quelque luthier habile dans son art résoudra le problème d'une manière satisfaisante, en le prenant sous le vrai point de vue qu'on doit s'y proposer, et qui est tel que ceci : *faire rendre à un instrument quelconque, à vent ou à touches, trois systèmes de sons de la manière la plus simple possible, savoir : le système des sons bécarres, le système des sons dièses et celui des sons bémols* (1).

Je ne puis parler du tempérament établi, sans parler des licences qu'il semble autoriser, soit dans la modulation, soit dans l'écriture musicale. Rappelons-nous d'abord quelques idées sur la génération des tons : les uns se composent par dièses et les autres par bémols, de manière qu'en coordonnant les toniques sur une même ligne, d'après le plus ou le moins d'accidens qu'elles attirent dans leur échelle, ces toniques se trouvent for-

(1) Voici, sur les longueurs des cordes, quelques données dont on pourra tirer parti :

Le système des cordes bémols se réduirait à l'état de bécarres, en les abrégeant de 44 millièmes de leur longueur : il se réduirait à l'état de dièses, en les abrégeant de 86 millièmes. Si l'on voulait avoir le système des doubles dièses et des doubles bémols, il faudrait, en partant de celui-ci, abréger les cordes de 44 millièmes pour avoir les bémols simples, de 86 millièmes pour avoir les bécarres, de 126 millièmes pour faire les simples dièses, de 164 millièmes pour faire les doubles dièses.

mer une progression de quintes ascendantes ou descendantes à partir d'*ut*, comme on le voit ici :

	Notes bémols.							Notes bécarres.							Notes dièses.							
	4	1	5	2	6	3	7	4	1	5	2	6	3	7	4	1	5	2	6	3	7	
etc.	*f*	*c*	*g*	*d*	*a*	*e*	*b*	f	c	g	d	a	e	b	*f*	*c*	*g*	*d*	*a*	*e*	*b*	*etc.*
etc.	8	7	6	5	4	3	2	1	0	1	2	3	4	5	6	7	8	9	10	11	12	*etc.*

Or, si l'on choisit dans cette série deux sons qui ne diffèrent que d'un *comma* (2de diminuée), tels par exemple qu'un *fa* dièse et un *sol* bémol, ou qu'un *la* dièse et un *si* bémol, un *ré* et un *ut* double dièse, un *ut* et un *ré* double bémol, etc., on observe que deux tels sons se trouvent placés à douze degrés de distance dans la série, de façon que l'un étant le quatrième au-dessous de *l'ut*, l'autre est le huitième au-dessus; ou que l'un étant cinquième d'un côté, l'autre est septième de l'autre côté, etc.

D'une autre part, comme les dièses et bémols simples s'expriment sur nos instrumens par de mêmes touches, tandis que les dièses et bémols doubles s'y font par les touches naturelles, il en résulte que le huitième ton, par dièse, ne présente pas d'autre touches que le quatrième ton par bémol, quand on les exécute tous deux sur nos instrumens tempérés; que de même le septième ton, par dièse, est composé comme le cinquième par bémol; et qu'ainsi, on peut se regarder en *sol* dièse, comme étant en *la* bémol, en *fa* dièse, comme si l'on était en *sol* bémol, etc., etc.

De ces considérations il suit qu'on n'exécute jamais réellement de musique ayant plus de six dièses ou de six bémols à la clef; car, dès qu'elle aurait sept des uns, on l'exécuterait comme avec cinq des autres : si elle en avait huit ou plus des premiers, on y supposerait quatre ou moins des seconds. Ainsi, la difficulté y serait d'autant moindre, que l'énigmatique écrivain aurait feint de la rendre plus grande.

Disons cependant que la connaissance de trois clefs au moins est ici indispensable pour réduire la chose à cette simplicité, et qu'il faut savoir élever et abaisser d'un degré sur la portée la clef de son instrument, lire un *sol*, par exemple, et sur le barreau qui lui appartient et sur les deux qui lui sont contigus : car il se fait alors une vraie transposition dans l'esprit du lecteur, quoiqu'elle n'ait aucunement lieu sur l'instrument qu'il conduit. Ainsi, par exemple, si la clef porte huit dièses, ce qui forme le ton de *sol* dièse, il exécute certainement comme en *la* bémol, de quelque façon qu'il s'y prenne; mais ce *la* se trouve posé sur le barreau du *sol*, et c'en serait assez pour dérouter un lecteur qui ne connaîtrait qu'une seule clef : de même, si au lieu du ton de *fa* bémol qu'annoncerait la clef chargée de huit bémols, on suppose être en *mi* naturel, il faut voir ce *mi* posé sur le barreau accoutumé du *fa*. Ainsi, quand un lecteur sait exécuter à une clef chargée de plus de six accidens, quoique dans un sens la chose soit plus facile selon notre manière de l'envisager, dans un autre sens elle l'est moins, vu l'état actuel de l'instruction ; et l'on doit, à juste titre, lui reconnaître le mérite peu commun jusqu'ici de savoir l'art de la transposition, mérite qui suppose toujours, dans celui qui le possède, une connaissance plus approfondie de la musique.

Voyons comment on enchaîne toutes les modulations au moyen du tempérament, pour rentrer dans le ton originaire, sans paraître revenir sur ses pas. D'abord on entre et l'on avance dans les tons par dièses, en élevant la tonique de quinte en quinte (ou l'abaissant de quarte), car cette opération amène à chaque fois un nouveau dièse, qui est la sensible du nouveau ton; mais parvenu au sixième ton (*fig.* 63), qui est celui de *fa* dièse, on se suppose en *sol* bémol, qui est le sixième ton par bémol; et continuant la modulation sur la même route qu'on l'a commencée, c'est-à dire, élevant toujours la tonique de quinte, les bémols sortent un à un comme les dièses étaient entrés, et l'on retrouve au bout le ton primitif d'*ut* d'où l'on était parti: ou bien, si l'on module par quartes, on avance d'abord dans les tons par bémols jusqu'au sixième ton, et là on prend les tons par dièses par lesquels on rétrograde jusqu'au point de départ. Rien n'empêche d'entrelacer à tous ces tons où l'on passe, les modulations mineures relatives, et, par ce moyen, de sauter plus brusquement d'un ton par dièse à un ton par bémol, ou *vice versâ*. Par exemple, ayant pris le ton majeur de *mi*, on passe à son relatif mineur d'*ut* dièse ; et là, voulant prendre le majeur de même base, on regarde cet *utd* comme un *réb*, ce qui n'amène que cinq bémols, au lieu de sept dièses qu'il y aurait eu sans cette fausse hypothèse.

Il est évident que ces sortes de modulations, qu'on peut appeler licences, ne sont rien qu'apparentes et qu'elles n'ont aucune réalité. Cependant, ceux qui ne connaissent que de routine le jeu des instrumens, y puisent de bien fausses idées à ce sujet, en croyant bonnement de faire des tours de force. Ainsi, vous leur entendrez dire qu'on peut passer immédiatement du ton de *si* à celui de *sol* bémol, c'est-à-dire, abaisser la tonique d'une tierce maxime, qu'on peut passer de *mi* en *réb*, et de *mib* en *fad* : ils croient appuyer ces assertions d'un exemple pratique ; mais, dès qu'on les écoute, l'oreille ne prend pas le change, on s'aperçoit bientôt qu'ils n'ont pratiqué que des modulations ordinaires, que c'est de *si* en *fad* qu'ils ont passé, non en *solb*, que c'est de *mi* en *utd*, de *mib* en *solb*, ainsi des autres.

Il règne à cet égard une sorte d'indépendance entre les sons de notre système tempéré, qui fait qu'ils sont toujours prêts à prendre la couleur du ton où l'on veut les introduire, non que cela ait lieu sans quelque erreur que l'oreille remarque bien ; mais, chose singulière, elle s'efforce d'anéantir ces erreurs en même-temps qu'elle en est affligée, et elle les redresse dans un sens ou dans un autre, en supposant nulles des différences qu'elle ne peut apprécier. Si, par exemple, on frappe ou l'on arpège sur le piano l'accord majeur *sib ré fa*, précédé et suivi de l'accord mineur *sib mib solb*, l'oreille se prévient d'abord pour le ton mineur de *mib*; elle ne voit qu'un accord de dominante dans *sib ré fa*, et un accord de tonique dans *sib mib solb*. Cette première impression lui fait pressentir dès-lors toutes celles qui doivent s'ensuivre dans ce ton; et si l'on attaque à présent l'accord incomplet *utb ré fa*, que l'on s'y repose un moment, l'oreille qui a bien senti venir cet accord sous la qualité de seconde augmentée, attend impatiemment qu'il fasse sa résolution sur l'accord tonique; elle le désire si fort, que, si vous retardez trop cette résolution, la voix de l'auditeur vient de suite au secours de son impatience et exprime cet accord tonique que vous refusez de lui donner. Mais vous qui aviez un autre but en faisant cette suspension, et qui méditiez une tricherie, vous plaisant à considérer l'accord suspendu comme étant celui de quinte mineure *si ré fa*, parce que, dites-vous, l'*utb* se fait sur l'instrument avec la touche du *si*, vous lui donnez pour résolution l'accord *ut mi sol*, qui est bien un accord tonique, puisque vous le rendez tel, mais qui n'est pas celui qu'attendait l'oreille. Aussi il se fait un choc bien désagréable au moment de ce passage, c'est une détonation plutôt qu'un changement de ton. Toutefois, comme vous refrappez à plusieurs reprises ces deux accords *si ré fa* et *ut mi sol* consécutivement, l'oreille revient peu à peu de son étourdissement ; et jugeant qu'elle est à présent dans le ton majeur d'*ut*, elle entend sonner la touche *si*, sous une tendance à monter sur l'*ut*, tandis qu'auparavant elle entendait ce même son sous une tendance à descendre au *sib*, mais c'est parce qu'elle le regardait comme un *utb*. Voilà donc deux jugemens différens qu'elle porte sur le même accord, ou plutôt sur l'intervalle de deux mêmes touches de l'instrument, regardant cet intervalle ou comme une tierce mineure *si ré*, ou comme une seconde augmentée *utb ré*, selon la route qu'elle voit qu'on lui fait tenir.

Il n'y a pas d'autre manière d'expliquer ceci qu'en disant que la succession des sons et des accords, entonnés justes, est soumise à des lois naturelles que l'oreille prend pour guide, même quand ces sons et ces accords sont légèrement altérés ; qu'alors elle se prête à les redresser (non à les adopter), tant que ces mêmes lois sont bien observées, mais, que dès qu'elles cessent de l'être, les sons ont beau être justes, elle les condamne comme s'ils étaient faux. J'ai la preuve que les choses se passent ainsi, car, lorsque je fais prendre, même à mes plus jeunes élèves qui ont 7 à 8 ans, des notes que je touche au piano, ils ne confondent jamais les intervalles différens provenus des mêmes touches : les noms qu'ils leur appliquent dépendent toujours du ton dans lequel je les fais paraître. Ainsi les touches *si fa*, qui font une quinte mineure, si je les résous sur *ut mi*, ne font plus à leur esprit qu'une quarte majeure sous les noms de *utb fa*, si je les résous sur *sib solb*, ou sous les noms de *si mid*, si je les résous sur *ladfad*. Mais si je les résous alternativement sur *ut mi* et sur *sib solb*, ils trouvent tous ces rapports faux, mal sonnans et indéchiffrables : tantôt jentends *si fa* , me dit l'un, sur ces deux touches, tantôt *utb fa*, tantôt *si mid*, et je ne sais auquel me tenir; est-ce que chaque touche fait sonner plusieurs cordes à votre volonté?........ Autre expérience: si l'instrument est un peu discord, l'élève prend les notes comme s'il était juste , mais avec cette différence qu'il se récrie sur les sons qu'il entend : voila un *fa*, me dit-il, mais il est faux ; voilà un mauvais *réd* ; ici vous avez voulu faire un *sib*, mais vous l'avez mal fait, il fallait le faire comme cela.... (et il le chante). Il me semble que ces faits d'expérience confirment bien l'explication qui les précède.

Cette matière m'a conduit à parler du *genre enharmonique*, ce genre tant vanté chez les anciens Grecs, lesquels pourtant le laissèrent se perdre. On s'étonne de lire dans les auteurs, que, jusqu'au temps d'Alexandre, le diatonique et le chromatique étaient négligés des anciens musiciens, et qu'ils ne s'exerçaient que dans l'enharmonique, comme étant le seul digne de leur habileté. On ne conçoit guère non plus comment Plutarque, venu cinq cents ans plus tard, sentait encore si vivement la sublimité de ce genre alors tout-à-fait abandonné , qu'il apostrophait les musiciens de son temps de ne plus le connaître, et d'*oser dire* que les intervalles n'en sont pas sensibles, comme , dit-il, si ce qui échappe à leurs sens grossiers devait être hors de la nature. Tout cela, joint aux merveilles qu'on raconte de la musique ancienne, semblerait dire que les musiciens Grecs étaient de bien autres hommes que les nôtres. Mais on ne regarde alors qu'au témoignage des auteurs, et l'on ne considère pas que celui des musiciens mêmes leur était contraire par le fait. D'ailleurs, si l'on veut faire attention que les instrumens de musique des Grecs étaient presque tous composés de cordes qui se touchaient à vide, et qu'ils employaient par conséquent une corde pour chaque son, on sera moins étonné qu'ils exécutassent des morceaux enharmoniques, et nous en exécuterons comme eux quand nous voudrons; il ne s'agira que de toucher dans un ordre déterminé des cordes prédisposées à cet effet, sans qu'il soit pour cela nécessaire d'avoir nulle idée de ce qui en résultera. L'on pourrait exécuter de cette manière tous les genres bizarres qu'on voudrait imaginer; mais il n'en est pas moins vrai que des violons, et surtout des voix seules, seraient bientôt déroutés à des lectures de cette espèce. Rameau avait composé dans ce genre un tremblement de terre qu'il ne put jamais faire exécuter à l'orchestre : il en accusait la mauvaise volonté des musiciens, ceux-ci se rejetaient sur l'impossibilité de la chose, et depuis lors on ne voit pas que personne l'ait tentée.

A la vérité, les modernes se vantent d'avoir une espèce de genre enharmonique, mais qui est fort différent de celui des Grecs. On nous dit que pour eux c'était une manière de conduire la mélodie par de petites inflexions d'un comma d'intervalle, et nous ne concevons pas que cela fût possible autrement que, comme je viens de l'expliquer, par les instrumens. Mais pour nous c'est une manière de feindre de telles inflexions dans les parties d'un accord et de conduire l'harmonie, comme si elles avaient eu rigoureusement lieu; de sorte que nous n'entendons d'enharmonie que par supposition: car, sur nos instrumens, le même son servant de dièse et de bémol suivant l'occurrence, si nous passons de l'un à l'autre, c'est donc sans infléchir le son, et il faut alors que l'oreille y suppose une inflexion qui ne s'y est pas faite; c'est ce à quoi l'oblige, malgré elle, la force de la modulation et la marche des autres parties de l'harmonie, comme on a vu qu'il est arrivé ci-dessus, en faisant prendre à l'*utb* la qualité de *si*, ou réciproquement: de sorte qu'envisageant un accord sous une face pour y entrer, on l'envisage après sous une autre face pour en sortir. Il est clair que de cette manière c'est une surprise faite à l'oreille, un vrai tour d'escamotage, et pour bien dire, une fausse intonation. Les exemples que j'ai donnés des deux résolutions de l'accord *si ré fa* ou *utb ré fa*, sont donc dans notre genre prétendu enharmonique.

Ces licences feintes dans la modulation en ont amené de réelles dans l'écriture musicale, du côté de l'armure des clefs. Par exemple, une pièce commencerait en *mib*, mode majeur, que venant à passer au mineur de la même base (relatif de *solb*), on se permettrait d'écrire une nouvelle armure de clef par six dièses, au lieu de six bémols qu'il eût fallu régulièrement. Or, un vocaliste, même exercé, est arrêté tout court à une énigme si embrouillée, car il croit qu'on lui demande une modulation impossible à pratiquer, et il cherche long-temps dans sa tête par quel secret le compositeur qui propose cette difficulté a pu parvenir à la surmonter lui-même ; mais ce n'est point une vraie difficulté qu'il propose, c'est proprement une ignorance de sa part, ou tout au moins une méchante énigme qu'il a voulu faire : et quand on lui appliquerait la première supposition, il n'aurait au juste que ce qu'il mérite ; car, pourquoi entortiller ses idées et venir mettre l'esprit des gens à la torture pour les deviner? La musique manquait-elle d'obscurités, sans y en ajouter de nouvelles?..... J'ai sous les yeux un exemple tel que celui dont je parle : c'est une *grande marche russe,* faite par un anonyme, et que l'éditeur aurait bien dû écrire plus correctement en faveur des jeunes demoiselles à qui il l'a dédiée.

Quoiqu'il en soit du tempéramment et des licences qu'il entraîne, mon élève connaît désormais assez bien la construction du clavier, pour qu'en prenant une baguette en main il puisse marquer un air sur les touches du piano, comme il le marque sur son échelle d'exercice : sa voix accompagnant l'instrument exprime en les nommant les mêmes sons que fait résonner la baguette; et, selon le ton qu'il a pris, il sait d'avance les touches noires qui doivent y être employées, et les blanches qui doivent en être exclues. Cet exercice, qui n'a été qu'accidentel tant que nous avions à nous occuper des barreaux de la portée, va désormais devenir fondamental, et formera l'introduction la plus naturelle que j'imagine à l'étude des instrumens quelconques. Le piano, par la disposition régulière de tous les sons de nos systèmes diatoniques et chromatiques, est très-propre à donner l'intelligence des autres instrumens, et je suis d'avis que l'élève commence par celui-là, pour y étudier quels différens systèmes de touches sont nécessaires pour engendrer les différentes modulations qu'il connaît. Quand il ne ferait que deux mois ou un seul cet exercice, supposé que l'instrument ne fût pas de son goût, il en retirerait le plus grand fruit pour tout autre instrument qu'il voudrait prendre. Car, il faut remarquer que la connaissance du clavier ne consiste pas à savoir uniquement quelle touche rend tel ou tel son, mais plutôt quel groupe de touches constitue tel ton et tel mode. Or, ce but est le même sur tout instrument; mais les combinaisons de doigts, qui y remplacent les groupes dont je parle, ne s'y représentent pas si nettement à l'esprit, et l'élève ne verrait que la confusion de leur multitude, s'il n'avait appris, par l'exemple du clavier, que toutes ces combinaisons se distribuent en autant de groupes qu'il y a de tons et de modes en musique.

Mon but est donc que l'élève sache, pour ainsi dire, jouer des yeux sur le clavier avant d'y mettre les mains, c'est-à-dire qu'il sache parcourir des yeux ces différens groupes de touches qui constituent les divers tons de l'instrument, passer des uns aux autres selon les lois de la modulation, et en même temps suivre des yeux de l'esprit les idées que l'instrument rendrait s'il était réellement touché, mais qu'en attendant l'élève sait rendre pour lui à l'aide de sa voix. Je l'atteindrai infailliblement ce but en remplaçant notre échelle de portée par un grand clavier dessiné que je ferai servir au même usage. Là je frapperai les touches à la baguette selon toutes sortes de modulations, et ces touches, devenues pour ainsi dire sonores, en présence de mes élèves rassemblés, iront résonner dans leur bouche et y exprimer à souhait toutes mes pensées.

Dès que mon élève voudra appliquer ses mains à un instrument, je lui donnerai quelques préceptes généraux qui devront le guider dans cette application. C'est ici le dernier usage que je ferai de la confiance qu'il a placée en ma méthode, et je pense avec satisfaction qu'il y correspondra, parce que j'aurai complètement déterminé sa conviction. Je lui dirai donc de ne jouer long-temps que d'imagination et sans cahier de notes sous les yeux, ou du moins de jouer de mémoire, en apprenant d'abord par cœur les morceaux qu'il voudra exécuter sur son instrument. Il peut suivre cette marche sans peine, sachant lire oralement la musique ; et cette marche est fondée sur celle que j'ai suivie pour lui enseigner l'intonation ; je voulus alors lier ses idées mélodieuses à des syllabes, avant de lui mettre des signes sous les yeux ; mais ici les syllabes sont remplacées par autant de *doigters* différens, et c'est à ces doigters que doivent préalablement se lier les idées. Le doigter général est à un instrument ce que l'alphabet *ut ré mi*... est à la voix : en sorte qu'on pourrait dire que ces syllabes ne sont que les divers doigters de l'instrument vocal, ou la cause occasionelle qui lui fait exprimer nos idées. Ainsi l'analogie porte à se conduire dans l'un comme dans l'autre cas.

Je lui dirai encore de ne jouer d'abord que sur le mode d'*ut* majeur, avec ses deux adjoints *sol* et *fa*, et sur les relatifs mineurs de ces trois tons. Ces six toniques, en deux modes, lui offriront matière à un assez long exercice, et ce n'est que lorsqu'il sentira qu'il les possède suffisamment, qu'il pourra attaquer avec confiance les autres tons et les autres modes usités.

Je veux bien qu'il s'essaye à faire des traits rapides sur son instrument, et qu'en soumettant ses doigts aux lois de la mesure il cherche à exprimer toutes les coupes du temps qu'il connaît ; mais je ne voudrais pas qu'il plaçât là exclusivement l'idée du beau. Je voudrais qu'il s'accoutumât à regarder comme le *nec plus ultrà* de l'exécution, ce qu'on dédaigne communément sous le nom de *petits airs*, et qui pourtant nous charme toujours au théâtre. Ce n'est que d'un grand maître qu'il pourra apprendre de quelle manière on doit exécuter un *petit air*, pour produire d'agréables, de douces, de vives émotions ; au lieu que le premier venu, et lui-même, pourra réduire cet air tout en triples croches, sans y rien comprendre.

Je n'omettrai pas de lui exposer la théorie générale des instrumens à ton mobile, comme de ce qu'on appelle clarinettes et cors en *ut*, en *fa*, etc. Je conviens que cette théorie serait mieux placée dans le cours de la pratique d'un tel instrument, parce que l'élève sentirait alors que le jeu des doigts se complique davantage à mesure que la clef devient plus chargée de dièses ou de bémols, et que le but de ces diverses dimensions des cors, des flûtes, des clarinettes, etc., est de pouvoir transposer une musique ainsi chargée, dans le ton favori de l'instrument, qui est celui où le doigter en est le plus facile. Le vice d'intonation des dièses pour bémols, et des bémols pour dièses, est bien de quelque chose ici ; car on sait que les tons éloignés, outre qu'ils ne sont pas faciles, ne sont pas non plus agréables, et que l'habile artiste doit remédier, par un jeu particulier des lèvres et du souffle, au vice de construction de son instrument, sans quoi l'on y sentirait un peu trop cette richesse de l'art dont nous parlions tantôt. Enfin, le timbre de certains sons qui se trouvent plus clairs ou plus sourds dans un ton que dans un autre, est encore un motif de plus de construire sur plusieurs dimensions chaque espèce d'instrument. Je dois d'autant moins omettre d'expliquer cette théorie à mes élèves, que les maîtres ne sont guère dans l'usage de le faire, et que néanmoins la pratique réclame cette connaissance.

Je lui ferai donc voir qu'il y a deux manières de se servir d'un instrument à transposition, et que ces deux manières sont également usitées : l'une est de changer les noms des cordes qui ont changé de ton, leur laissant celui qu'elles portent dans le système général du clavier ; en sorte, par exemple, que l'instrument étant réduit d'une grande à une petite dimension, le même doigter qu'on aurait appris à connaître sous le nom d'*ut*, doit s'envisager à présent sous le nom de *sol*, ou tout autre, selon le rapport qu'on a voulu établir entre les tons absolus de ces deux dimensions. C'est ainsi que la chose a lieu entre l'alto et le violon qui sont deux instrumens pareils, se tenant et se jouant de même, mais dont le premier sonne la quinte au-dessous du second (1). Alors les deux instrumens ont des

(1) Quand on parle de *quinte*, sans autre dénomination, c'est de la quinte *majeure* qu'on doit l'entendre. Quand on veut parler de la quinte mineure, il faut l'exprimer. J'ai dit ailleurs qu'on l'appelle improprement *fausse quinte* et *quinte diminuée*. C'est le contraire pour la quarte simplement dite, qui signifie la quarte *mineure*.

clefs différentes, et chacun exige l'habitude de sa clef. La basse ou violoncelle est semblable à l'alto, portant les mêmes cordes, mais sonnant l'*octave* au-dessous de celui-ci. Quand ces instrumens exécutent ensemble, leurs clefs sont armées de la même manière, par dièse ou par bémol.

La seconde manière d'employer un instrument à transposition, est de conserver les noms du doigter les mêmes sur les positions semblables, quoique les dimensions et par conséquent le ton absolu de l'instrument aient été changés ; de cette façon, les noms du doigter, sur le nouvel instrument, ne se rapportent plus au clavier général, et le son qu'on y exprime encore sous le nom de *ré*, peut répondre à un *fa* du piano ou à tout autre son, selon le rapport qui se trouve établi entre l'ancienne dimension et la nouvelle. Ce n'est un *ré* que par le doigter, mais c'est un *ré* transposé qui est un vrai *fa* pour le ton. C'est ce qui a lieu, par exemple, sur les *petites flûtes*, faites pour sonner la tierce mineure au-dessus des flûtes ordinaires, et sur les *petites clarinettes* qui sonnent la quarte mineure au-dessus des autres. Il est clair que ces instrumens employés de concert avec les grands ne doivent pas avoir leur musique écrite sous la même armure de clef, si l'on veut que l'exécution produise le même ton effectif, comme cela doit être. Ainsi, tandis que les grandes clarinettes, grandes flûtes et autres instrumens écrivent en *ut* comme le piano, les petites flûtes doivent noter en *la*, les petites clarinettes en *sol;* que si les premiers notent en *fa*, la petite flûte notera en *ré* et la petite clarinette en *ut*, etc., au moyen de quoi l'exécution n'offrira à l'oreille qu'un seul et même ton physique. La règle générale est d'abaisser le ton écrit, à l'aide d'une armure de clef convenable, du même intervalle que l'instrument a haussé toutes ses notes en changeant de dimensions. Par conséquent, la petite flûte écrira sa partie par trois dièses de plus ou trois bémols de moins que la grande flûte, et la petite clarinette écrira la sienne par un dièse de plus ou un bémol de moins.

Puisque j'ai tant fait que de conduire mon élève à ce point, pourquoi ne lui ferai-je pas aussi connaître les belles expériences du monocorde et celles de la concomitance des sons, qui ont servi de bases aux célèbres systèmes de Rameau et de Tartini? sans entrer toutefois dans la discussion de ces deux systèmes, auxquels, comme on sait, il n'est pas possible de ramener tous les phénomènes d'harmonie avoués par l'oreille. Je lui exposerai donc, du moins en abrégé, cette partie de physique qu'on nomme *acoustique*, laquelle d'ailleurs n'est pas fort étendue, quand on la dégage des systèmes dont elle est ordinairement enveloppée, qu'on s'y borne aux simples vérités d'expérience qu'elle enseigne, et qu'on ne prend dans chacune que ce qui y est évidemment contenu (1). Cette branche d'étude sera ici bien à sa place, mais l'on ne peut se

---

(1) Pourquoi, par exemple, après avoir trouvé d'une part, que tout son grave fait résonner avec lui la douzième et la dix-septième majeure, outre ses octaves; et d'autre part, que ces harmoniques du son grave sont donnés isolément par la $\frac{1}{2}$, le $\frac{1}{3}$, le $\frac{1}{4}$ et le $\frac{1}{5}$ de la corde entière; pourquoi, dis-je, se hâter d'en conclure que le grave fait résonner aussi tous les aliquotes possibles de la corde, selon cette progression indéfinie $\frac{1}{6}$, $\frac{1}{7}$, $\frac{1}{8}$, $\frac{1}{9}$, $\frac{1}{10}$, etc.? C'est déjà devancer l'expérience et supposer une analogie de nombres qu'elle ne confirme pas. Pourquoi encore bâtir un second système sur ce premier, et dire que la gamme *la plus naturelle* n'est pas celle que nous chantons, mais qu'elle est celle des sons de la série précédente, et que la nôtre n'est qu'un préjugé de l'oreille gâtée par une mauvaise habitude! Et pourquoi les vraies voies de la nature s'annonceraient-elles préférablement par une série de certains nombres qui plaisent à notre esprit, parce que nous les envisageons d'une certaine manière? où donc serait l'invraisemblance que les harmoniques d'un son répondissent, non pas au tiers, au quart et au cinquième de la corde entière mais à des fractions peut-être incommensurables, très-approchantes de celles-là? On répond, d'abord que l'incommensurabilité est choquante de sa nature et que l'esprit la repousse : j'en conviens; mais on ajoute gratuitement, ce dont je ne conviens pas, que l'oreille repousserait de même les sons qui seraient dans de tels rapports. Fait-on attention que l'incommensurabilité se rencontre dans le cercle, dans le carré, dans le cube, qui sont des figures bien parfaites, et que néanmoins elle n'y choque pas la vue? Pourquoi donc choquerait-elle l'oreille, se trouvant dans notre gamme? D'ailleurs,

dissimuler que, présentée dans un cours spécial de physique, les élèves ne sont pas suffisamment pré-

---

elle s'y trouvera toujours nécessairement, d'une façon ou d'une autre, selon la manière dont on envisagera la chose : car, par exemple, si elle n'est pas entre les longueurs des cordes, elle sera entre les intervalles même de la gamme comparés les uns aux autres, *et vice versâ.* Or, quelque part qu'elle se trouve, l'esprit en sera également choqué; en voici la preuve : sait-on dans quel rapport sont la seconde majeure et la seconde mineure selon les systèmes de physique ? C'est dans le rapport du log. de $\frac{9}{8}$, au log. de $\frac{16}{15}$, rapport qui n'est point satisfaisant pour sa simplicité. Il y a plus : l'incommensurabilité existe même entre les longueurs de certaines cordes de la gamme, et l'on ne veut pas l'y voir : cependant, dès qu'on suppose que le rapport de tierce majeure est de 4 à 5, il s'en suit nécessairement que celui de seconde majeure, qui en est la moitié, est de $\sqrt{4}$ à $\sqrt{5}$; et comme on suppose en outre que le rapport d'octave est de 1 à 2, il suit de ces deux hypothèses que le rapport de quinte majeure est de 1 à la racine quatrième de 5, ou de 1000 à 1495 environ : de sorte que ce rapport approche, à moins d'un demi-centième, de celui de 2 à 3 qu'on a coutume d'adopter. Voilà, sans contredit, des incommensurables; mais, chose étrange, plutôt que de les admettre, on préfère dire que les deux secondes *ut ré* et *ré mi* sont inégales, l'une dans le rapport entier de 8 à 9, et l'autre dans le rapport entier de 9 à 10 : on préfère dire que les quintes *ré la* et *la mi* ne sont pas égales aux autres quintes, etc., etc., c'est-à-dire, qu'on renverse les principes de pratique les mieux établis. Il faut conclure de là, au contraire, que le rapport de quinte majeure supposé de 2 à 3 ne peut point coexister avec celui de tierce majeure supposé de 4 à 5, ni avec celui d'octave supposé parés pour l'entendre, n'ayant pas l'oreille exercée à mesurer les intervalles des sons, et qu'alors on

---

de 1 à 2. (Voyez la note, p. 120.) On ne peut admettre concurremment, à la rigueur, que les deux derniers de ces rapports, du moins on n'y a pas découvert de contradiction jusqu'ici, et ce sont d'ailleurs ceux dont la justesse est la moins douteuse.

Cependant, si l'on admettait l'hypothèse nouvelle, que le demi-ton mineur fût les deux tiers du demi-ton majeur, hypothèse que confirme assez bien l'expérience : alors cette hypothèse, combinée avec celle du rapport d'octave de 1 à 2, qui est le rapport auquel on doit tenir le plus pour sa simplicité, donnerait les rapports suivans entre les longueurs des cordes pour les autres intervalles de la gamme :

Octave..............	o, 5000			
Quinte majeure...	o, 6687	au lieu de	$\frac{2}{3}$	ou o, 6666
Quinte mineure...	o, 6992	au lieu de	$\frac{25}{36}$	ou o, 6944
Quarte majeure...	o, 7151	au lieu de	$\frac{18}{25}$	ou o, 7200
Quarte mineure...	o, 7478	au lieu de	$\frac{3}{4}$	ou o, 7500
Tierce majeure....	o, 7996	au lieu de	$\frac{4}{5}$	ou o, 8000
Tierce mineure....	o, 8362	au lieu de	$\frac{5}{6}$	ou o, 8333
Seconde majeure.	o, 8942	au lieu de	$\frac{8}{9}$	ou o, 8888
			$\frac{9}{10}$	ou o, 9000
Seconde mineure.	o, 9351	au lieu de	$\frac{15}{16}$	ou o, 9575
Demi-ton mineur.	o, 9563	au lieu de	$\frac{24}{25}$	ou o, 9600
			$\frac{128}{135}$	ou o, 9481

On voit, par ce tableau, à quel point les rapports résultans de la nouvelle hypothèse approchent de ceux qu'on suppose ordinairement : ils en approchent à moins de 2 millièmes pour la quinte majeure, et à moins d'un demi-millième pour la tierce majeure; d'après quoi on ne sera pas surpris que le monocorde ne laisse pas voir ces petites leur donne des opinions pour des vérités ; ce qui ne devrait jamais être dans aucun genre d'enseignement.

Si maintenant je fais remarquer à l'élève les propriétés concomitantes des sons à l'octave, à la quinte et à la tierce, le voilà naturellement introduit à l'étude de l'harmonie. Je pourrais donc, partant de ce point, lui enseigner les règles générales de la succession des accords, sur lesquelles j'établirais facilement celles du contre-point à deux parties, puis à trois et à quatre. Mais s'attend-on que j'emploirai encore des procédés nouveaux pour ce complément d'instruction ? Je vais en faire rapidemeut l'esquisse. Avant tout, le lecteur doit considérer que c'est la matière d'un second cours que j'aborde. L'année me semble assez bien remplie par ce qui précède, pour qu'on n'exige pas de moi que j'y ajoute autre chose.

De l'Harmonie.

L'étude de l'harmonie se présente d'abord avec un désavantage que n'avait pas celle de la mélodie, parce que la voix ne saurait exprimer simultanément les sons qui composent un accord, comme elle les exprime l'un après l'autre. Si cette

---

différences, et que l'oreille ne puisse les y apprécier. Au surplus, il faut dire que tous ces chiffres sont inutiles à la pratique ; mais à tant que d'en vouloir faire, il ne faut pas au moins qu'ils la contredisent.

opération était dans les facultés de l'organe vocal, l'étude dont il s'agit ici serait toute tracée dans ce qui précède ; d'abord, nous choisirions des mots pour représenter tous les accords, et nous lierions ces mots, par une pratique facile, aux idées harmoniques qu'ils devraient rappeler à l'esprit. Quand cette liaison serait suffisamment formée, nous représenterions à leur tour les mots par des signes écrits, et nous arriverions enfin à lire une suite d'accords et à les écrire sous dictée, aussi bien que nous savons lire et écrire une suite de simples sons.

Mais comme l'hypothèse sur laquelle je raisonne n'a pas lieu, il a fallu recourir à d'autres moyens, quoique plus pénibles, pour arriver au même but. On étudie donc en particulier les divers instrumens qui entrent dans la composition de toute harmonie, et l'on observe la marche propre à chacun d'eux, ou bien l'on cultive de préférence un instrument d'harmonie, tel que le clavecin ou le piano, sur lequel on observe la marche régulière des accords. Cependant on ne peut bien faire de telles observations que quand on est assez maître de son instrument pour en tirer avec facilité les pensées écrites qu'on a sous les yeux ; car, tant qu'on l'étudie pour lui-même, qu'on y est occupé de la mécanique des doigts, qu'on s'aheurte à des difficultés qu'il faut vaincre, et qui naissent à chaque pas, le temps n'est pas venu d'étudier les lois de l'harmonie.

D'un autre côté, tant que la voix n'intervient pas dans cette pratique, et qu'elle attend au contraire son éducation de celle des doigts et de l'instrument, on conçoit combien il doit être difficile de se représenter une idée harmonique à la seule vue des signes écrits. Il faut long-temps recourir à l'instrument pour concevoir cette idée, parce qu'étant réellement le seul signe auquel elle se soit liée, il est aussi le seul qui puisse la rappeler à l'esprit. Mais de quoi ne vient-on pas à bout par un travail obstiné ? Un temps arrive enfin, et c'est quand l'éducation de la voix est faite ; un temps arrive, dis-je, où l'on est capable de sous-entendre une partie sous une autre que l'on chante, et réciproquement d'exprimer la première en sous-entendant la seconde. De là à sous-entendre l'effet d'un trio, ou d'une harmonie complète, il n'y a plus qu'un pas à faire. C'est donc encore par l'intervention de la voix qu'on devient harmoniste ; je dis que c'est par elle, quand même on l'aurait peu sonore, peu étendue, en un mot, quand elle serait dépourvue des qualités brillantes qui font celle d'un chanteur.

Que si l'on veut voir de plus près la raison de cette nécessité, on n'a qu'à considérer combien de momens sont perdus pour l'étude de la musique, quand on la fait par un instrument qui ne le seraient plus si l'on y employait l'instrument vocal une fois mis aux ordres de la pensée qu'il accompagne partout. On n'a pas toujours la force de volonté ou le temps nécessaire pour se mettre au piano qu'on serait obligé de quitter dans quelques minutes. Cependant ces minutes suffiraient pour faire, sur des phrases vocales, plusieurs opérations de l'esprit qui se répéteraient tous les jours dans mille circonstances pareilles. Bien plus, ces opérations s'entremêleraient à d'innombrables petits emplois du temps qui ne sont nullement incompatibles avec elles, pas plus qu'ils ne le sont avec des réflexions de toute autre espèce dont nous les accompagnons involontairement. C'est-à-dire, que nous pensons toujours, et même à toute autre chose souvent qu'à ce que nous faisons; et, si l'on y réfléchit bien, on verra que c'est par là, plus qu'au cabinet, que nous avons acquis la meilleure part de nos connaisssances. La vie est une éducation continuelle.

Je tire parti de ces considérations pour le progrès de mes élèves. Je veux que mes leçons les poursuivent jusque dans leurs amusemens, et que toutefois elles ne leur soient pas importunes. Je m'assure que, tant qu'ils auront des effets physiques sous les yeux, ils en feront des rapprochemens, des comparaisons, des combinaisons continuelles, sans que personne les y aide ou les y invite, car c'est ce qu'ils font tous les jours sur toute matière, et ce que nous faisons nous-mêmes à notre âge et que nous avons toujours fait. Or, pour rendre permanentes les sensations sonores, il n'est que de leur donner la voix pour cause et des mots pour signes. Voyez ce qui en résulte; voyez cet enfant de huit ans jouer à la balle contre un mur ; il cherche à la pousser en mesure, il se propose pour difficulté de lui faire subdiviser le temps aussi régulièrement qu'il le divise de la voix ; il traîne une baguette contre les barreaux d'une grille dans le même dessein. En même temps il solfie des phrases qu'il enchaîne sous diverses modulations. Là il s'arrête un moment pour regarder quelle est cette difficulté qui gêne ses intonations ordinairement si faciles : il la découvre et la surmonte. Je m'approche, et je l'interroge : dans quel ton solfies-tu ? — Je solfie en *sol*, mode mineur. — De quel ton y est-tu venu ? — J'y suis venu de *sol*, mode majeur, et auparavant j'étais en *mi* mineur, etc., etc.

Un enfant peut donc réfléchir à ses actes : ce fait le démontre. Et qu'on n'allègue pas que la légèreté de son âge l'en rende incapable : il oublierait aussitôt de prononcer les noms de *campagne, d'arbre* et de *verdure*, quand il est en présence de ces objets, que de prononcer les noms de *sol ut mi ré*.... quand il entend un air composé de ces sons. Voilà ce qui explique pourquoi mes élèves, dans une interruption de leçons, dans un temps de vacances, ne perdent rien de ce qu'ils ont appris. Je les retrouve au moins au point où je les ai quittés ; je dis au moins, car ordinairement je les revois plus affermis sur la pratique des mêmes choses.

Continuons d'examiner ce qui se passe dans cette jeune tête, aujourd'hui remplie d'idées, et voyons jusqu'où peut le pousser, abandonné à lui-même, l'impulsion que je lui ai donnée ; ce n'est qu'ainsi que nous pourrons juger de ce qu'il faut faire pour le conduire toujours dans le même sens.

Tant qu'il ne connut qu'un seul alphabet, modèle de tous les tons, il ne songea qu'à faire toutes les combinaisons possibles des sept sons qui le composent ; il chercha à les arranger sur diverses coupes de mesure, diverses sous-divisions des temps, divers degrés de vitesse. S'il osait attaquer des dièses et des bémols, il en revenait tout de suite, crainte de s'égarer à les poursuivre dans les nouveaux tons qu'ils annonçaient. Quand il connut d'autres alphabets, c'est-à-dire, d'autres langues pour exprimer une même idée, il chercha d'abord à se les rendre faciles en faisant passer successivement dans toutes les phrases de chant qu'il avait dans la tête, ou les airs nouveaux qu'il rencontrait. Aujourd'hui que ces diverses langues lui sont devenues familières, et qu'il pourrait solfier sur chacune d'elles ce qu'on aurait écrit sur toute autre, il ne peut plus se renfermer dans cette seule pratique, on doit s'attendre qu'il en sortira. Que va t-il donc faire?... Il va chercher à faire succéder ces langues l'une à l'autre, et les tons respectifs qui leur appartiennent, de toutes les manières possibles ou du moins praticables. Il entrelacera donc au hasard les tons et les modes. Mais l'extrême dureté de certaines successions le fera bientôt s'assujettir à des règles qui seront précisément celles que je lui aurai données pour lui faciliter cette nouvelle espèce de combinaison. Il ne mettra donc naturellement en succession que les tons qui ont le plus d'affinité entr'eux, le plus de notes communes; en d'autres termes, il ne modulera que par le plus petit nombre possible de dièses ou de bémols, passant, par exemple, d'*ut*, mode majeur, en *sol* ou en *fa*, même mode, ou en *la*, mode mineur, etc., etc.; et se tiendra-t-il toujours renfermé dans le cercle de ces modulations? Je ne le crois pas. Quand elles lui seront devenues faciles, il en voudra voir d'autres qui soient extraordinaires. Il trouvera apparemment quelque mérite à bâtir dans sa tête et à exprimer, de sa voix, des tournures bizarres que repousseront ses oreilles de tout leur pouvoir, et peut-être qu'il les proposera en défi à ses camarades. Mais heureusement il se fatiguera comme nous de tous ces tours de force, où le vrai beau se trouve rarement uni; il abandonnera ces difficultés après les avoir surmontées, et il reviendra enfin dans le style simple, non plus comme autrefois pour y chercher des combinaisons inconnues, mais à présent pour y observer des règles de goût, et retirer quelques beaux chants des combinaisons qu'il sait pratiquer.

Le voilà donc lancé dans le vaste champ des modulations : étude qui a toujours été annexée au domaine de l'harmonie, et qui ne se fait ordinairement qu'avec celle-ci. Tous les maîtres avouent qu'elle en est la partie la plus difficile, ou, pour mieux dire, la seule partie difficile d'où le reste dépend. En effet, dès qu'on sait écrire et lire une mélodie, qu'on en sait faire l'analyse, qu'on l'a partagée en phrases de divers tons placées à la suite l'un de l'autre, que manque-t il à cela que de faire passer sous ces phrases des accords pris dans le même ton qu'elles ? accords dont le nombre est borné dans chaque ton, et dont la succession est assujettie à un petit nombre de règles. Il ne faudra donc qu'exposer ici la division des accords en deux grandes classes, l'une d'accords consonnans, l'autre d'accords dissonnans ; faire voir les dérivés ou renversemens que chacun fournit, et assigner les règles de leur succession, d'abord dans un ton unique, ensuite dans le passage d'un ton à un autre. On pourra dire en même temps les différens noms de ces accords et la manière de les chiffrer sur la basse ; mais ceci aurait besoin de quelques améliorations qu'on déduira, si l'on veut, des principes répandus dans cet ouvrage.

Toutefois ces règles doivent être entremêlées de pratiques pour se bien graver dans l'esprit. A l'école on pourra faire faire ces pratiques par le concours des diverses espèces de voix ; mais chez lui l'élève ne pourra les répéter qu'à l'aide d'un instrument d'harmonie dont il serait bien, par conséquent, qu'il prît un peu l'usage. Cependant, comme la principale étude doit être ici dans les mouvemens de la basse plus que dans le remplissage des accords, on s'appliquera surtout aux effets qui résultent d'une simple basse mise sous un chant, et l'on apprendra à y reconnaître les accords pleins sous-entendus, ou qu'il est permis d'y sous-entendre, car les notes procèdent, quand l'accord est incomplet, de la même manière que quand il est entier.

Quel est maintenant le meilleur moyen de faire cette pratique ? ne faudra-t il que mettre sous les yeux de l'élève une suite graduelle de divers chants écrits, accompagnés de leurs basses, pour lui faire remarquer comment on y a suivi les règles prescrites ? Non : ces règles ne lui sont pas assez familières pour qu'il se livre avec le maître à cet examen ; quand il sera capable de suivre une telle analyse, il sera bien près de la faire tout seul, et de continuer lui-même son instruction : or, ce n'est là que le but qu'il faut atteindre. Voici le moyen d'y parvenir.

Il est un exercice que j'ai différé jusqu'ici de décrire, quoique je l'aie fait faire dès les premiers mois de mes leçons, et qui a toujours produit une agréable surprise parmi les personnes qui en ont été témoins. Je tiens deux baguettes de différentes couleurs. Chacun se demande avec étonnement ce qu'on va faire. Jeunes élèves, c'est un nouveau plaisir que je vous offre pour récompense de votre application. Divisez-vous en deux sections : vous allez chanter *en harmonie* ; ce nom vous réjouit. Vous êtes impatiens d'éprouver l'effet qu'il annonce, et vous ne regardez pas combien il étonne ceux qui vous entourent. On n'ose pas croire à la justesse de vos accords, ou du moins on cherche à s'en rendre raison. On se demande comment deux idées différentes ne vont-elles pas s'entredétruire, exprimées simultanément par des chanteurs de si fraîche origine. Mais à ce raisonnement nous répondons d'abord par un fait, qui est qu'elles ne s'entredétruisent pas, et nous ajoutons qu'elles ne doivent pas s'entredétruire, parce que vos idées sont fortement attachées à leurs signes, parce que vous isez et que vous ne récitez pas, quet chacun de vous ne s'attend que sur lui-même, et qu'il exprime de lui-même son idée sans rien emprunter de son voisin qui non plus n'emprunte rien de lui. Suivez donc cette baguette avec confiance, vous souvenant que c'est elle qui vous fraya les premières routes que vous avez parcourues, et qu'à sa suite vous n'avez jamais trouvé, ni vous ne trouverez jamais d'obstacles. Chantez.....Eh bien ! voilà purement exprimées toutes sortes de *consonnances* : des tierces et des sixtes, des quintes, des octaves. Continuez. Voyez-vous les baguettes suivre trois sortes de mouvemens qu'on appelle *direct*, *oblique* et *contraire*? Les deux baguettes montent ou descendent ensemble : voilà le mouvement *direct*, ou *semblable*, ou *parallèle*. A présent une baguette monte tandis que l'autre descend : voilà le mouvement *contraire*. Une baguette reste en place tandis que l'autre continue sa marche ascendante ou descendante : voilà le mouvement *oblique*. Ces mouvemens ne se font pas au hasard, ils sont soumis à des règles qu'une longue observation a fait découvrir aux musiciens, et que je vous ferai connaître. Ici les deux baguettes font note contre note, *point contre point*. Là une baguette marque des temps uniformes, tandis que l'autre les divise. A présent elles échangent leur travail, le chant passe à la basse, les tenues sont dans le dessus. Voyez l'une d'elles parcourir les notes d'un même accord, elle y continue ses batteries, et cependant l'accord est changé.... ; c'est parce que l'autre baguette a fait un mouvement. Voici de simples notes de passage qui ne sont de rien à l'harmonie ; mais voici des dissonnances *préparées* et *sauvées* par des consonnances. Ici le ton va changer, parce que je transforme dans ma pensée cet accord de dominante, où nous sommes, en un accord de tonique ; modifiez vos idées sur cet averti : quittez l'impression du ton précédent, et tenez-vous prêts aux accidens de celui-ci. Maintenant je change le mode en conservant la même tonique....Prévoyez-vous les bémols ou les dièses qui vont survenir ?

Voilà par quelles pratiques, saisissant les idées au passage, nous attachons invariablement à chacune les règles qui s'y rapportent. En même temps on voit que partout où seront réunis mes élèves, il sera aisé de tirer du plaisir de leur instruction, en les rangeant de cette manière sous la conduite d'un maître qui se chargera de tenir la baguette et d'improviser des chants. Comme ce clavier naturel sera d'autant plus étendu qu'on réunira plus de différentes espèces de voix, on pourra y marquer du moins deux parties, comme je viens de faire; et peut-être trouvera-t-on quelque jour le moyen d'y marquer une harmonie complète en y conduisant plusieurs baguettes (1). Je ne doute pas que la facilité qu'il y aura de se procurer cette jouissance, quand la méthode sera plus répandue, ne développe parmi nos amateurs, hommes de goût, ce talent d'improviser qu'on dit qui est poussé si loin en Italie.

Il me reste à discuter une question importante, relativement aux modulations : c'est de savoir si elles ne sont bien déterminées que par le concours de la basse et du chant, ou s'il n'appartient qu'à l'harmonie de donner l'impression du ton, et si la mélodie n'a pas comme elle ce privilége. Il est permis de s'étonner que cette question ait été agitée. Il paraît cependant que ce qui y a donné lieu, est d'avoir remarqué qu'une même phrase de chant puisse prendre la couleur de différens tons par la diversité des basses qu'on lui assigne. Mais ce fait, qui est exact, comporte-t-il la conséquence qu'on en a tirée? c'est ce que nous allons apprendre.

Il faut considérer d'abord que la détermination du ton ne dépend pas seulement des cordes qui vont être frappées, et qu'elle dépend aussi de

(1) Ce résultat est donné par l'instrument dont j'ai parlé dans la note de la page 66. Les accords les plus compliqués peuvent être rendus sensibles à l'œil, au moyen d'un mécanisme fort simple. (A. P.)

l'ordre dans lequel on les frappera. A cet égard, un seul tétracorde peut se trouver dans deux tons différens, soit dans celui de sa dernière corde quand on le monte, ou dans celui de sa première corde, quand on le descend. Il est incontestable, par exemple, que si je répète plusieurs fois dans cet ordre le tétracorde *ut ré mi fa*, l'oreille prendra naturellement l'impression du ton de *fa;* et qu'au contraire, si je le répète plusieurs fois dans cet ordre *fa mi ré ut*, elle prendra l'impression du ton d'*ut*. D'où vient cela? le voici.

La tonique est une note de repos vers laquelle tendent toutes les phrases musicales qu'on enchaîne. Celles-ci s'en écartent et s'en approchent sans cesse, à peu près comme les balancemens d'un corps suspendu l'éloignent de la verticale et l'y ramènent. L'oreille préjuge le terme de ces espèces d'ondulations; et dès qu'elle l'aperçoit, elle le sous-entend jusqu'à la fin, prenant plaisir à lui comparer tous les sons qui se succèdent. Or, quand elle entend répéter plusieurs fois, en notes égales, cette succession *fa mi ré ut*, elle ne peut s'empêcher de prévoir ou du moins de désirer que l'*ut* soit le terme de ces répétitions; aussi est-on sûr de la choquer, si l'on se repose sur une autre note : vous vous écrieriez alors que le chant n'est pas fini; qu'est-ce que cela veut dire? car le chant est fini du moment qu'on ne chante plus..... Cela veut dire que la terminaison de ce chant n'est pas telle que vous l'aviez prévue, et voilà ce qui vous choque.

Mais par quelles règles l'oreille détermine-t-elle ainsi une base sur laquelle le chant doit se résoudre? Il ne faut pas alléguer ici le *sentiment secret*, le *goût naturel*, qui sont des mots vides de sens. Il vaut mieux avouer qu'on n'a pas encore découvert les règles de nos jugemens à cet égard, et qu'on les a mieux senties qu'on n'a su les exprimer. En y réfléchissant davantage, on pourra, je crois, reconnaître qu'elles sont de deux espèces: les unes se rapportant à l'intonation des sons et à leur arrangement de phrase en phrase, les autres se rapportant à leur durée et même à leur coïncidence avec les temps forts ou faibles de la mesure: car, par exemple, si vous réduisez le tétracorde *fa mi ré ut* en deux mesures de trois temps, savoir: une mesure pour le *fa*, et un temps pour chaque autre note, que vous le répétiez plusieurs fois de cette manière:

|| *fa* | *mi ré ut* | *fa* | *mi ré ut* | *fa* | etc.

l'oreille attribuera naturellement au *fa* la propriété de tonique, et attendra ce *fa* pour la conclusion du chant, tandis qu'au contraire, si vous faisiez quatre temps ou trois temps de chaque note, elle attendrait le repos sur l'*ut*. En résultat, il paraît qu'un seul tétracorde mis en mesure, et même un seul mouvement de quarte ascendante, suffit souvent à l'oreille pour lui faire préjuger le ton, et que si la suite du chant ne répondait pas à ce début, elle en serait chagrinée.

On peut s'expliquer à présent pourquoi quelques modernes ont regardé notre gamme comme étant en deux tons différens. Cela dépend de la combinaison qu'ils formaient de nos deux tétracordes *ut ré mi fa* et *sol la si ut;* car, en les montant tous les deux par notes égales, le premier annonce à l'oreille le ton de *fa*, et le second celui d'*ut;* au contraire, en les descendant, le premier annonce à l'oreille le ton d'*ut*, et le second celui de *sol*. C'est ce qui a fait dire à Grétry que *notre mauvaise gamme est composée de deux morceaux pour faire une seule pièce*. Mais en cette matière, comme en toute autre, nous ne devons pas accuser la nature de se contredire, nous ne pouvons que nous accuser nous-mêmes de n'avoir pas découvert ses vraies voies.

Les analyses précédentes assurent donc à la mélodie la propriété de déterminer le ton qu'on lui a contestée quelquefois, prétendant que l'harmonie avait exclusivement ce privilége. Cette assertion est pleinement renversée par ce qui précède : toute mélodie bien faite porte nécessairement en soi l'empreinte de la modulation qu'on y a suivie, et l'oreille peut l'y apercevoir distinctement. C'est même la seule raison pourquoi une suite de notes, semées au hasard sur le papier, peuvent ne faire qu'un chant insoutenable ou même inexécutable, parce que l'oreille y voudrait vainement découvrir cette tendance tonique qui peut ne pas s'y trouver, si l'on n'a pas eu l'intention de l'y mettre. A la vérité, l'harmonie peut donner une teinte plus forte à la modulation, mais en cela elle ne fait que confirmer le jugement que l'oreille a porté d'avance ; et quoiqu'un même chant puisse recevoir plusieurs basses différentes, cela ne détruit point ce que je viens de dire : cela fait voir seulement que la même phrase peut appartenir à divers tons par des notes qui soient communes à ces tons : en quoi il n'y a rien d'étonnant, puisque ce n'est qu'à la faveur de ces notes communes que l'oreille consent qu'on la mène d'un ton à un autre. Mais, qu'on y fasse attention, jamais l'oreille ne suppose de changement de modulation sans une absolue nécessité ; car, si ayant supposé une certaine tonique aux premières mesures d'un chant, elle en découvre une autre pour les mesures suivantes, à laquelle les premières mesures puissent convenir, elle modifie de suite sa première hypothèse pour la réduire à la seconde : de façon que si l'on répète le chant après cet essai, elle prend cette fois, dès le début, l'impression de la tonique qui convient au plus grand nombre possible de mesures.

Soit, par exemple, ce début de chant :

| *mi mi ré ut* | *si si ré fa* | *mi ut* |

l'oreille y peut prendre d'abord l'impression du mode majeur d'*ut*, ou celle du mode mineur de *la*. Il est plus probable pourtant qu'elle prendra la première impression, parce que rien ne l'avertit qu'un *la* doive ensuite paraître pour justifier la seconde. Cela étant, j'ajoute cette finale à la phrase :

| *mi mi ré ut* | *si si ré si* | *la ut mi ut* | *la* . |

Il en résulte qu'à l'entrée des deux dernières mesures, l'oreille est surprise d'avoir mal préjugé le ton, car elle attendait l'accord d'*ut* pour repos. Ne pouvant donc concilier le ton d'*ut* avec les deux dernières mesures, elle veut concilier le ton de *la* avec les cinq premières, et c'est à cette intention qu'elle désire de revenir sur ses pas; alors, reconnaissant que l'unité de ton règne dans ces sept mesures, elle en est satisfaite et prononce que la phrase entière est en *la*, mode mineur. Il n'y aurait que la force d'une basse qui pût désormais l'obliger à considérer ce morceau de mélodie comme étant la réunion de deux phrases en différens modes; mais certainement cette basse ne serait pas celle qu'elle préfère, car elle doit naturellement préférer celle qu'elle suppose d'avance.

Supposons, en second lieu, qu'ayant entendu plusieurs fois la phrase précédente qui a donné l'impression du mode mineur de *la*, on vienne à entendre celle-ci qui commence de la même manière :

| *mi mi ré ut* | *si si ré fa* | *mi ut* | *mi mi ré ut* | *si si ré si* | *ut mi sol mi* | *ut*

cette fois l'oreille est aussi surprise d'entendre les deux dernières mesures à la suite des cinq autres, qu'elle l'était précédemment de ne les y entendre pas. Elle revient en arrière pour reconnaître s'il règne dans ce chant l'unité de ton qu'elle désire ; elle l'y trouve en effet sous le mode majeur d'*ut*.

Supposons encore qu'après les lectures précédentes on termine la même phrase comme ici :

| *mi mi ré ut* | *si si ré fa* | *mi ut* | *mi mi ré ut* | *si ut ré si* | *sol si ré si* | *sol*

alors nouvelle surprise à l'entrée des deux dernières mesures, surprise suivie d'un nouvel essai pour reconnaître l'unité de ton. Mais cette unité ne règne plus dans le chant, et il est bien réellement composé de deux phrases distinctes : la première, en *ut*, mode majeur ; la seconde, en *sol*, même mode. Je dis en majeur d'*ut*, la première phrase, et non pas en mineur de *la*, parce que l'autre phrase, qui est en *sol*, succède beaucoup mieux à la première hypothèse qu'à la seconde ; c'est-à-dire, que la nouvelle tonique *sol* arrive mieux comme dominante d'*ut*, que comme sensible bémolisée de *la*.

Supposons enfin que la même phrase soit terminée de cette autre façon :

| *mi mi ré ut* | *si si ré fa* | *mi ut* | *mi mi ré ut* | *si ut ré si* | *mi sol si sol* | *mi*

l'oreille, mise encore en défaut par les deux dernières mesures, cherche vainement l'unité de ton dans le tout ; ne l'y trouvant pas, elle se résout à y distinguer deux phrases, la première en *la*, mode mineur, et la seconde en *mi*, même mode.

Je dis en *la*, mode mineur, la première phrase, et non pas en *ut*, mode majeur, parce que la seconde phrase ne succéderait pas si bien comme médiante, que comme dominante de la première.

Telles sont les vraies règles par lesquelles l'oreille décide du ton et de la succession des tons dans la mélodie ; et loin que l'harmonie lui soit nécessaire à cet effet, j'ajoute que l'harmonie elle-même dérive de cette opération vraiment préliminaire et fondamentale. Enfin, il est si vrai que la mélodie a le privilége de faire sentir la modulation, que même elle n'est bonne qu'à proportion de cette propriété, et qu'aussi, quand on y arpège des accords, leur succession y est soumise aux mêmes règles que dans l'harmonie, règles qui se rapportent principalement à l'exacte expression du ton. Généralement, toutes les fois que le ton devient indéterminé, l'oreille est au supplice ; c'est ce qui arrive quand on accumule les transitions dans un court espace. On accorde assez volontiers le nom de musique savante à des pièces qui nous étonnent par ce débordement de modulations. Il est vrai qu'on ne peut guère leur contester ce titre, car elles sont bien l'effet d'une science profonde, mais malheureusement unie à un goût dépravé.

De la Mesure.

On se rappelle que tout en exerçant mon élève à l'intonation de la gamme d'*ut*, je l'habituais à mettre une certaine cadence dans ses phrases, c'est-à-dire, que je lui faisais sentir les effets de la mesure, ou des diverses proportions de durée des sons, avant que de lui en montrer les signes écrits : fidèle à ce principe, que les idées doivent précéder les signes dans l'esprit de l'étudiant ; mais il sentait ces effets sans en remarquer suffisamment la cause : bientôt je la lui fis découvrir en lui enseignant à multiplier et à diviser une durée quelconque prise pour unité, et qu'on appelle *temps* de la mesure. Voici de quelle manière :

Je lui mis une baguette à la main avec laquelle il frappait une suite de durées égales ou de temps ; en frappant deux coups pour un, il exprimait les moitiés du temps. Il frappait donc alternativement un temps entier, puis deux moitiés. Cet exercice lui fut d'autant plus facile qu'il imitait fidèlement l'effet de la grosse caisse, que tous les enfans ont remarqué de bonne heure. Presqu'aussitôt je lui fis accompagner ces coups de baguette d'un son de voix arbitraire qu'il pouvait varier à son gré, ou répéter souvent le même. Les syncopes, ou les prolongations du son d'un temps à l'autre, furent exprimées sans peine, en faisant une légère aspiration à l'entrée de chaque temps. Ce fut la voix seule qui indiqua d'abord cette circonstance du chant, car la baguette ne faisait jamais que frapper un coup ou deux ; cependant par la suite la baguette aussi désignait la même chose, en ne frappant que le temps ou la moitié de temps qu'articulait la voix, et en figurant une légère pression sur la moitié aspirée ou de prolongation.

Les silences entrèrent ensuite dans ces combinaisons, de la même façon que les syncopes, soit pour un temps entier, soit pour une moitié de temps, et soit dans la première moitié du temps, soit dans la seconde. Dès que l'élève eût suffisamment remarqué ces circonstances, je lui enseignai à les écrire par les principes que j'exposerai tout-à-l'heure. Tout cela n'exigea pas plus de deux semaines d'exercice au milieu de nos autres opérations.

J'ai laissé l'élève à ce point jusqu'au quatre ou cinquième mois, c'est-à-dire, sans le faire passer aux sous-divisions du temps plus petites ; d'abord, parce qu'avec ces seules données, il est une classe immense d'airs connus qu'on peut lui faire chanter ; ensuite, parce que, pour lui faire chanter des sons plus brefs, il fallait qu'il eût acquis de la volubilité à l'intonation. Ce ne fut donc qu'alors que je lui enseignai à diviser le temps par quarts ; or, il fallut lui faire comparer cette sous-division à toutes les combinaisons de celles qu'il connaissait. Pour cela, je lui fis premièrement frapper les quarts à la suite des moitiés, ce qu'il fit de la même manière que pour frapper les moitiés à la suite des temps entiers, parce que dans cette opération il pouvait considérer momentanément la demie comme étant l'unité à diviser en deux parties égales. Il fit ensuite succéder les quarts aux temps entiers, et réciproquement il apprit à revenir des quarts aux unités ou aux demies. Je lui fis ensuite diviser le temps en une moitié et deux quarts, soit la moitié devant les deux quarts, soit les deux quarts devant la moitié. Je n'abordai les syncopes et les silences, entre les quarts, que quand il fut suffisamment exercé aux combinaisons que je viens de dire, et qu'il sut passer des unes aux autres à commandement; quelquefois aussi je frappais moi-même les durées, et l'élève les désignait à partir de l'unité convenue. Enfin, les syncopes et silences furent soumis aux mêmes combinaisons; puis, après un temps convenable, j'appliquai l'écriture à ces nouvelles idées, comme je l'avais fait la première fois, et par les mêmes principes.

Le lecteur comprend comment j'ai pu passer à la sous-division par huitièmes, en supposant l'unité de temps assez lente pour la comporter. Voilà pour ce qui regarde la division binaire du temps; quant à la division ternaire, si elle est uniforme dans la suite du chant, c'est-à-dire, si le temps n'est pas alternativement divisé par tiers et par demies, elle n'offre aucune difficulté, parce que le tiers du temps, si bref qu'il soit, devient alors l'unité de durée à laquelle tous les sons se comparent, et qui n'est plus soumise qu'à la sous-division par deux. Il est même remarquable que, quand on chante un seul son dans le temps, on y sous-entend trois parties, et qu'on les exprime même intérieurement par trois coups de gosier, très-légers à la vérité, mais néanmoins d'autant plus nécessaires au chanteur, que la durée du temps est plus lente. Or, cette attention est inutile quand il ne s'agit de diviser le temps que par moitié : ce qui semble indiquer que la division binaire est plus naturelle, plus facile que la division ternaire, outre qu'on peut dire que celle-ci ne se redouble pas comme celle-là; c'est-à-dire, qu'on n'exprime guère les tiers de tiers ou neuvièmes parties du temps, au lieu qu'on exprime les demi-tiers, les quarts de tiers, etc.; en sorte qu'on peut dire que la division par deux est réellement la plus usitée en musique.

Mais quand la division fondamentale est binaire dans la suite du chant, et qu'accidentellement un temps se présente à diviser en trois parties, ce qu'on appelle un *triolet*, alors ce changement de rhythme offre une vraie difficulté qu'il faut apprendre à vaincre par l'exercice. J'exercerai donc mon élève à frapper des tiers à la suite des temps, puis à la suite des demies et à la suite des quarts, et à revenir de l'une de ces divisions à l'autre, après l'avoir quittée. Cette pratique est nécessairement plus longue que les deux premières dont j'ai parlé, soit parce qu'elle offre un plus grand nombre de combinaisons, soit parce qu'elle est moins naturelle et moins facile. Du reste, on la terminera par l'insertion des syncopes et des silences entre les tiers du temps, et on y appliquera l'écriture.

Désormais l'élève sait multiplier et diviser l'unité de durée ou le temps de toutes les manières possibles, car il est aisé de voir qu'il en a épuisé toutes les combinaisons. Cependant je n'ai pas dû attendre qu'il en fût à ce point pour lui faire distinguer, dans le chant, deux espèces de mesure, savoir: mesure à trois et mesure à deux temps. Il m'a été facile de lui faire sentir la différence d'effet qu'elles produisent en écrivant un même air connu sous ces deux mesures : il a dès-lors attribué cette différence à ce que, dans l'une de ces mesures, un temps *fort* revient périodiquement frapper l'oreille de deux en deux coups, et que, dans l'autre, il ne revient que de trois en trois coups. Cependant cette différence lui parut d'abord si grande, l'air en étant totalement défiguré, qu'il lui cherchait d'autres causes, celle-là lui paraissant trop simple pour un tel effet ; mais ce fut vainement, car il n'en trouvait ni dans l'intonation, ni dans la durée des sons. Il fut donc en état de distinguer laquelle régnait de ces deux mesures dans tel chant que je lui faisais entendre ; mais en même temps il fit de lui-même la remarque que, si le chant est très-lent, les temps forts sont si éloignés l'un de l'autre, que l'oreille a perdu le souvenir du premier quand revient le second, et qu'alors la différence de rhythme étant à-peu-près nulle sous ce rapport, il doit être impossible de reconnaître, à cette marque, l'espèce de la mesure. Cette réflexion était juste ; cependant je dus l'avertir que, même dans ce cas, un musicien exercé reconnaîtrait encore si la mesure est à trois ou à deux temps, mais qu'il le ferait par de certaines règles de composition et de goût auxquelles chacune est soumise ; parce qu'on appelle la cadence des phrases, qui est comme le *nombre* dans le discours ; par les retours, quelquefois périodiques, d'un même dessin ; surtout par la correspondance des phrases musicales avec les phrases poétiques, quand l'air contient des paroles (1) : au surplus, ceci ne faisant pas directement partie de ce cours, je dus m'y borner à quelques exemples.

Je lui fis aisément distinguer dans chaque temps les parties fortes et faibles, selon le même principe. Ceci le conduisit naturellement à une double manière d'exprimer les *sixièmes*, c'est-à-dire, six sons pour un temps, car ces sixièmes peuvent être des demi-tiers, et s'exprimer en trois groupes de deux sons : ou bien ils peuvent être des tiers de moitié et s'exprimer en deux groupes de trois sons ou triolets. Il comprit bientôt que les douzièmes pouvaient s'exprimer en trois façons, étant de trois espèces, comme on le verra plus loin.

Je viens aux signes de durée. Je considère que toute la musique ne roule que sur deux parties fondamentales, l'intonation et la mesure : ce qu'on appelle broderies et goût de chant, trils, cadences, etc., n'est évidemment qu'un accessoire dépendant de l'une ou de l'autre. Or, il faut écrire le chant sous ces deux rapports; mais j'observe que l'élève, au point où je l'ai conduit, sait déjà l'écrire sous le premier rapport, et qu'il a divers moyens pour cela : 1° les mots *ut ré mi*, etc..... ;

---

(1) On n'a même souvent que ce dernier recours pour découvrir la mesure, ou seulement les temps égaux de ces airs que chantent par cœur des personnes qui, ne sachant pas de musique, y négligent des fractions du temps sur les silences et les syncopes. On sent que ce n'est pas sous la dictée de telles personnes qu'on peut se vanter d'écrire un air quant à la mesure.

2° les points noirs écrits sur les barreaux de l'échelle et remplaçant les coups de baguette ; 3° les chiffres 1 2 3 4 5 6 7 ; 4° les lettres *a b c d e f g*, en posant, quand il le faut, de petits points par-dessus ou par-dessous, pour distinguer entr'eux les sons aigus et graves qui portent le même nom dans les diverses octaves (1). Je tiens à ce

---

(1) Voici, par exemple, trois octaves de sons en allant du grave à l'aigu, avec la correspondance des mots aux lettres.

ut ré mi fa sol la si | *ut ré mi fa sol la si* | *ut ré mi fa sol la si*

$\underset{\cdot}{1}\ \underset{\cdot}{2}\ \underset{\cdot}{3}\ \underset{\cdot}{4}\ \underset{\cdot}{5}\ \underset{\cdot}{6}\ \underset{\cdot}{7}\ |\ 1\ 2\ 3\ 4\ 5\ 6\ 7\ |\ \dot{1}\ \dot{2}\ \dot{3}\ \dot{4}\ \dot{5}\ \dot{6}\ \dot{7}$

$\underset{\cdot}{c}\ \underset{\cdot}{d}\ \underset{\cdot}{e}\ \underset{\cdot}{f}\ \underset{\cdot}{g}\ \underset{\cdot}{a}\ \underset{\cdot}{b}\ |\ c\ d\ e\ f\ g\ a\ b\ |\ \dot{c}\ \dot{d}\ \dot{e}\ \dot{f}\ \dot{g}\ \dot{a}\ \dot{b}$

Rousseau n'employait pas le point d'une manière fixe comme je le fais ici ; il ne l'employait que pour annoncer le changement d'octave, quand le chant passait d'une octave à l'autre ; de sorte que ce point venant de paraître sur une note, pour avertir de la prendre dans l'octave supérieure, toutes les notes qui suivaient celle-là étaient censées dans la même octave qu'elle (quoiqu'elles ne portassent aucun point), jusqu'à ce qu'un point contraire au premier les en eût fait descendre, ou jusqu'à ce qu'un autre point, placé dans le même sens, les eût élevées encore à l'octave suivante. Il résultait de ce système, qu'en prenant une note au milieu du chant, on ne pouvait pas dire de suite à quelle octave elle appartenait, sans recourir à tous les points antérieurement placés, dont il fallait faire des sommes et des différences. Aussi, sentant cet inconvénient, l'auteur avait cherché à l'atténuer, en plaçant une lettre en tête de chaque ligne de musique, laquelle indiquait à quelle octave appartenait la dernière qu'il emploie indifféremment tous ces moyens, afin d'étendre la sphère de ses idées, car on ne connaît bien ce qui est, on n'en apprécie au juste la valeur, qu'en le comparant à ce qui pourrait être sans cela.

Mon élève n'a donc à apprendre l'écriture musicale que sous le second rapport, qui est celui de la durée. Entrons ici dans l'analyse approfon-

---

note de la ligne précédente. Mais ceci ne faisait que changer la difficulté sans la détruire, puisqu'il fallait au moins faire le calcul pour la ligne où l'on se trouvait arrivé, aussitôt que l'on s'était égaré dans la lecture. Il paraît que J. J. avait cru diminuer de cette manière la quantité de points à placer par-dessus ou par-dessous les notes; mais il ne fit pas attention que le changement d'octave peut avoir lieu, dans le chant, aussi souvent que la permanence d'une même octave, et que ce qui lui semblait diminuer le nombre de points dans une occasion, devait l'augmenter dans une autre. Ainsi, par exemple, ce passage :

| 27 27 27 | 15 15 15 | 1

étant écrit à la manière de Rousseau, offrirait deux fois plus de points qu'on n'y en voit par la mienne ; car il se présenterait ainsi :

| 27 , 27 , 27 | 15 , 15 , 15 | 1

Il suit de là qu'il fallait d'abord pourvoir à la clarté de l'expression, sans s'embarrasser de la quantité de points à placer, qui d'ailleurs n'a aucune espèce d'inconvénient.

die de la pensée mélodique, pour en déduire une notation claire de cette pensée, qui soit puisée directement dans sa nature; car, de lui présenter d'abord la musique ordinaire sans modification et avec tous les défauts qui lui sont propres, de lui définir les rondes, les blanches, les noires, les croches, les pauses, demi-pauses, soupirs, demi-soupirs, avec toutes les figures bizarres qu'on leur donne, ce serait pour n'être pas entendu, ainsi qu'il arrive à ceux qui s'y prennent de cette sorte. Cependant mon but est de le faire pénétrer dans ces sentiers de ténèbres, mais ce sera en l'entourant d'assez de lumières pour qu'il voie bien clair à s'y conduire tout seul. Que j'aimerais mieux, après lui avoir enseigné une notation naturelle et simple, toute conforme à la netteté de ses idées, ne pas y faire de ces mutilations qui la réduiront à n'être que l'écriture généralement reçue !........ Mais, puisqu'on le veut, je le ferai, par déférence pour l'usage, et me consolerai de cette atteinte portée à la raison, par l'espoir que la génération qui vient en fera justice.

De tout l'échafaudage des signes vulgaires, je ne me sers, pour entrer en matière, que de ceux qui pourraient suffire seuls à faire une bonne notation, si, je le suppose, on voulait se donner le plaisir d'en avoir une telle. Ces signes sont (*fig.* 64.) : la ronde en guise de zéro, pour indiquer tous les silences; le gros point noir à queue, ou sans queue, appelé *noire*, pour indiquer tous les sons; enfin, le menu point ordinaire, pour indiquer un prolongement de son ou de silence, et toutes les syncopes possibles. Avec ces trois signes, je vais écrire toute coupe de mesure, quelque difficile qu'on la suppose.

En effet, que l'on se représente rangés comme sur une longue ligne les sons et les silences consécutifs d'une mélodie ; et que l'on considère qu'ils sont distribués dans l'esprit du musicien, par groupes qui remplissent des durées égales, appelées *temps* de la mesure. Quant aux mesures, elles sont aussi d'égales durées entr'elles, étant formées par la somme de deux temps ou de trois; et l'on y est conduit, comme je l'ai dit plus haut, par la nécessité de reconnaître des temps forts et faibles, qui reviennent alternativement et régulièrement d'un bout à l'autre de la mélodie.

Comme une bonne écriture doit peindre aux yeux la même distribution qui s'est faite dans l'esprit, je tire de ceci le principe incontestable que les temps de la mesure doivent être nettement distingués à la vue ; en conséquence, je les écrirai bien séparés les uns des autres, et, s'ils contiennent plusieurs sons, je les recouvrirai chacun d'un trait horizontal.

En outre, je considère que le temps de la mesure est l'unité invariable à laquelle nous rapportons la durée de tous les sons. Pour cela, nous le divisons et subdivisons ; mais il est remarquable que ce ne soit jamais que par *deux* et par *trois*, c'est-à-dire, que dans un temps qui soit composé d'un groupe de sons et de silences quelconques, nous distinguons deux ou bien trois groupes plus petits et d'égales durées; dans chacun de ceux-ci, nous en distinguons encore deux ou bien trois autres, et toujours de même selon cette progression qui conduit à la fin sur deux ou trois sons individuels, sans subdivision ultérieure. On sait qu'ordinairement cette subdivision ne va pas très-loin; mais quand cela serait, le second principe que j'en tire est général, et le voici :

Que les deux ou trois divisions principales du temps s'annoncent clairement à la vue (*fig.* 65), et que dans chacune on aperçoive aussi distinctement les deux ou trois divisions secondaires, s'il y en existe.

Pour remplir ce but, je recouvre d'un second trait, situé sous le grand trait qui embrasse tout le temps, chacune des deux ou trois divisions principales de ce temps, mais je n'ai besoin de le faire que quand quelqu'une de ces divisions est elle-même subdivisée; et, dans ce cas, je recouvre dans celle-ci, d'un troisième trait inférieur au second, chacune des deux ou trois divisions secondaires qu'elle renferme, mais sous la même restriction; et, dans chaque division secondaire, je recouvre d'un quatrième trait, plus inférieur encore, les deux ou trois subdivisions qu'elle peut contenir, et toujours de même.

Il est clair que voilà remplacées avantageusement toutes les espèces de croches en usage. En veut-on des exemples? Si le temps renferme deux ou trois notes égales, il n'est besoin que de les voir réunies dans ce temps à côté l'une de l'autre, couvertes d'un seul trait (*fig.* 66), pour juger que chacune dure la moitié ou le tiers du temps, et ce sont là les vrais noms qu'elles devraient porter, et non ceux de croches, de doubles ou de triples croches, qui ne signifient rien.

Mais de trois sons qui soient dans le même temps, le premier dure-t-il autant que les deux autres ensemble? je couvre ceux-ci d'un second trait sous le grand trait (*fig.* 67). Veut-on encore que les deux sons déjà recouverts durent inégalement, et que le second ne soit que le tiers du premier? alors il faut prolonger le premier de la demi-durée actuelle du second, pour cela mettre un point devant celui-ci, et recouvrir ce point et le son qui le suit d'un troisième trait comme de triples croches (*Fig.* 68). Si l'on eût voulu prolonger le premier son des deux tiers du second, au lieu d'une moitié, on aurait mis deux points au lieu d'un devant celui-ci sous le dernier trait (*fig.* 69).

Par où l'on voit que les points de prolongation et les zéros de silence sont soumis aux mêmes principes, mais que le point n'a pas ici la signification restreinte qu'on lui donne dans la notation usitée.

Que l'on ne craigne pas une surcharge de traits dans la notation que je propose; car, outre que la clarté avec laquelle ils se montrent n'en peut jamais faire un inconvénient, j'avertis qu'il n'y en aura pas plus de deux l'un sur l'autre dans les cas ordinaires, ni plus de trois dans les coupes de mesure les plus recherchées, comme seraient l'expression des $\frac{1}{8}$ et $\frac{1}{12}$ parties du temps (*fig.* 70). En un mot, il ne saurait y en avoir plus que dans l'autre notation ; mais presque toujours il y en aura moins, et il dépendra même de l'écrivain de faire que cela arrive.

La raison de ceci, est que je ne note pas une mesure à trois ou à quatre temps différemment dans un cas que dans un autre, sous prétexte que le mouvement en soit plus ou moins rapide ; je n'écris pas un menuet par trois noires et une valse par trois croches, mais je les écris chacun par trois temps ; je n'écris pas une marche lente par deux blanches, et un pas redoublé par deux noires, mais j'écris l'une et l'autre par deux temps (*fig.* 71). Non plus je n'attribue pas aux notes une durée absolue à raison de leur figure, pas plus qu'un degré absolu d'intonation ; mais je leur attribue une durée relative à celle du temps de la mesure, qui est mon unité fondamentale ; et celle-ci est toujours annoncée en tête de la mélodie, à la clef, comme le ton, par un signe clair et simple : or, ce signe n'est pas un mot italien, tel que *largo*, *adagio*, *andante*, *allegro*, *presto*, qui ne porte avec soi qu'une idée vague de mouvement, sur laquelle les musiciens disputent tous les jours dans les concerts ; c'est le degré du point de suspension d'un *chronomètre*, c'est-à-dire, la longueur mesurée d'un pendule simple qui est sous nos yeux, non pas pour faire battre la mesure aux élèves, mais pour leur faire prendre le juste mouvement de chaque morceau, leur apprendre à se le rappeler d'eux-mêmes à la vue du nombre qui en est l'indice véritable, et à juger s'ils le conservent sans altération.

Un infaillible moyen de n'omettre à l'étude aucune coupe du temps, c'est d'en calculer le nombre à l'avance, et de les classer dans un tableau général sur lequel on les désignera à la baguette, les faisant succéder l'une à l'autre et revenir sous toutes sortes de combinaisons. Il faut convenir que l'esprit est satisfait de pouvoir mesurer d'un premier coup-d'œil le champ qu'il aura à parcourir, et de prendre, en partant, l'assurance qu'il ne va pas errer sur un océan sans rives, où l'accompagnerait l'inquiétude de voir s'effacer derrière lui les routes qu'il aurait suivies. Mais on verra que l'écriture vulgaire ne reposait pas sur des principes assez généraux, pour qu'on ait pu entreprendre jusqu'à ce jour cette énumération analytique; et néanmoins, tant qu'on ne l'a pas faite, on n'est jamais sûr, dans le sens étroit de ce mot, d'avoir passé par toutes les coupes praticables du temps, même quand on a lu, en plusieurs années, plusieurs volumes de solféges. Or, voyons s'il est possible d'en manquer une seule par le calcul que j'en vais faire.

D'abord je classerai ces coupes par le nombre de traits qu'elles peuvent offrir dans l'écriture, nombre qui est en même temps celui des divisions et sous-divisions qu'on aura faites dans l'unité de temps. Ainsi, par exemple, l'expression des $\frac{1}{2}$ et des $\frac{1}{3}$ n'offrira qu'un seul trait couvrant deux ou trois sons, parce que 2 et 3 sont des nombres premiers, indécomposables en facteurs plus simples; mais l'expression des $\frac{1}{4}$, $\frac{1}{6}$ et $\frac{1}{9}$, offrira deux traits l'un sur l'autre (*fig*. 72), parce qu'on n'arrive à ces fractions que par deux divisions faites l'une dans l'autre, savoir: par $\frac{1}{2}$ de $\frac{1}{2}$, ou $\frac{1}{2}$ de $\frac{1}{3}$ ou $\frac{1}{3}$ de $\frac{1}{3}$: c'est-à-dire, que les dénominateurs 4, 6 et 9 sont décomposables chacun en deux facteurs, ou par 2 fois 2, ou par 2 fois 3, ou par 3 fois 3. Mais plus loin, l'expression des $\frac{1}{8}$, $\frac{1}{12}$, $\frac{1}{18}$ et $\frac{1}{27}$, présentera trois traits (*fig* 70 *et* 73), parce qu'il y a trois facteurs dans chaque dénominateur, savoir: 2 f. 2 f. 2, ou 2 f. 2 f. 3, ou 2 f. 3 f. 3, ou 3 f. 3 f. 3: de sorte qu'en général, si l'on veut connaître de combien de traits sera surmontée l'expression d'une fraction donnée du temps, il n'y a qu'à voir de combien de facteurs simples ou premiers se compose le dénominateur quelconque de cette fraction: se rappelant d'ailleurs, que pour être une coupe praticable en musique, ces facteurs ne doivent être que des 2 et des 3, ou que la fraction proposée ne doit pouvoir s'engendrer que par la division continuelle du temps en deux ou trois parties; car l'oreille, telle que le peuple, ne connaît que les fractions simples $\frac{1}{2}$ et $\frac{1}{3}$ (1).

(1) Le lecteur sera peut-être bien aise de voir, dans un seul tableau, quelles espèces de fractions peuvent être représentées par un nombre donné de traits; et, réciproquement, combien de traits exige une fraction proposée de celles qui sont praticables, ou qui sont dans

Cela posé, je considère qu'il n'y a que deux divisions primitives du temps, savoir : la division

---

l'analogie de celles qu'on pratique. C'est pourquoi je le place ici :

1.e	2.e	3.e	4.e	5.e	6.e	etc.
2	4	8	16	32	64,	etc.
3	6	12	24	48	96,	etc.
	9	18	36	72	144,	etc.
		27	54	108	216,	etc.
			81	162	324,	etc.
				243	486,	etc.
					729,	etc.

Je borne ce tableau à ces six colonnes qui sont bien plus que suffisantes. Le numéro de la colonne indique le nombre de traits ; et les nombres qui sont dans cette colonne désignent les dénominateurs des fractions auxquelles ces traits conviennent. Ainsi, dans la quatrième colonne, y ayant les dénominateurs 16, 24, 36, 54, 81, cela signifie qu'il faut quatre traits pour représenter les $\frac{1}{16}$, $\frac{1}{24}$, $\frac{1}{36}$, $\frac{1}{54}$ ou $\frac{1}{81}$ parties du temps. Réciproquement, la fraction $\frac{1}{72}$, appartenant à la cinquième colonne, il s'en suit qu'il faut cinq traits pour l'exprimer; ainsi des autres.

On ne voit pas dans ce tableau les fractions du temps $\frac{1}{5}$, $\frac{1}{7}$, $\frac{1}{10}$, $\frac{1}{15}$, etc., parce qu'elles sont impraticables, que l'oreille ne sait point diviser le temps de cette manière. Si l'on trouve dans les œuvres de quelques compositeurs cinq notes pour un temps, ce qu'ils appellent des *cinq* ou cinquièmes, c'est abusivement, car ils savaient bien, en écrivant de tels passages, qu'on ne les exécuterait pas en cinq notes égales, ou cinq cinquièmes, mais qu'on ferait à la place deux quarts et trois sixièmes, tels qu'on les voit écrits à la page suivante, classe C. (et *Fig.* 76.)

binaire, ou en deux moitiés, et la division *ternaire*, ou en trois tiers. Je numérote ces deux ou trois parties, et je les couvre d'un trait comme ceci :

$\overline{12}$, $\overline{123}$ (*Fig.* 66).

Ce sont les deux seules coupes qu'un seul trait puisse offrir. Les chiffres d'ordre qu'on y voit tiennent la place, soit des sons, soit des silences, soit des points de prolongation ou de syncope ; et il en sera de même dans ce qui va suivre.

Je prends maintenant le premier de ces deux temps ainsi divisé, et j'en soumets les parties, au moyen d'un second trait, à une nouvelle division qui peut être *binaire*, ou *ternaire*, ou *mixte*, et qui peut avoir lieu soit sur les deux moitiés à la fois ou sur l'une d'elles seulement. Cela fait en tout sept combinaisons que voici :

A. 3 sous-divisions binaires, qui sont des $\frac{1}{4}$.

12 34, 12 3, 1 34 (*Fig.* 74.)

B. 3 sous-divisions ternaires, qui sont des $\frac{1}{6}$ (tiers de moitié).

123 456, 123 4, 1 456 (*Fig.* 75.)

C. 2 sous-divisions mixtes, qui sont des $\frac{1}{4}$ et des $\frac{1}{6}$ combinés.

12 456, 123 34 (1). (*Fig.* 76.)

---

(1) C'est ainsi qu'il faut entendre les passages improprement appelés *cinquièmes*, qu'on rencontre quelquefois mal écrits de cette manière $\frac{5}{12345}$ (*Fig.* 111.)

Quoique le chiffre 3 paraisse deux fois dans cette dernière coupe, on ne peut pourtant pas se méprendre à sa signification : en effet, paraissant dans la première moitié du temps, au rang des sixièmes, il indique le troisième sixième du temps, qui est dans cette moitié ; mais paraissant dans la seconde moitié du temps, au rang des quarts, il y indique le troisième quart du temps, lequel est bien dans cette seconde moitié (1).

J'insère à présent le second trait dans la division ternaire primitive, comme je viens de l'insérer dans la division binaire. Or, je peux le mettre aux trois places à la fois, ou à deux de ces places, ou seulement à une ; en outre, je peux lui faire exprimer la moitié ou le tiers de la place où je le pose. Cela fait en tout vingt-six combinaisons que voici classées et numérotées :

D. 7 sous-divisions binaires, qui sont des $\frac{1}{6}$ (demi-tiers).

12 34 56 | 1 34 56   12 3 56, 12 34 5 | 12 3 5, 1 34 5, 1 3 56 |

(*Fig.* 77).

E. 7 sous-divisions ternaires, qui sont des $\frac{1}{9}$.

123 456 789 | 1 456 789, 123 4 789, 123 456 7 | 123 4 7, 1 456 7, 1 4 789 |

(*Fig.* 78).

---

(1) Cette répétition du même signe, dont le motif n'était pas toujours saisi facilement par les élèves, a disparu, grâce à la langue par *syllabes* que j'emploie pour faire étudier les durées. (A. P.)

F. 12 sous-divisions mixtes, qui sont des $\frac{1}{6}$ et des $\frac{1}{9}$ combinés.

1 34 789, 1 456 56, 12 3 789, 123 4 56, 12 456 7, 123 34 5,

12 34 789, 12 456 56, 123 34 56 | 123 456 56, 123 34 789, 12 456 789 |

(*Fig.* 79).

Voilà donc épuisées toutes les combinaisons à double trait sans subdivision ultérieure. Le triple trait, inséré sous le second, nous ouvrirait une série de combinaisons beaucoup plus étendue. Sans entrer ici dans cette énumération trop longue, je me bornerai à mettre le lecteur sur la voie de la faire lui-même, en lui marquant les limites de ce travail, et les points de repos qui le lui faciliteront.

L'insertion d'un troisième trait sous le second peut avoir lieu dans la division binaire aux classes A, B, C, ou dans la division ternaire aux classes D, E, F, ci-dessus dénombrées. En outre, il peut opérer, aux diverses places où on le pose, une sous-division, soit binaire, soit ternaire, soit mixte. Ainsi,

Inséré dans la classe A, il offrirait

21 sous-divisions binaires, qui seraient des $\frac{1}{8}$.

21 sous-divisions ternaires, qui seraient des $\frac{1}{12}$ ($\frac{1}{3}$ de $\frac{1}{4}$).

54 sous-divisions mixtes, qui seraient des $\frac{1}{8}$ et des $\frac{1}{12}$ combinés.

Inséré dans la classe B, il offrirait

77 sous-divisions binaires, qui seraient des $\frac{1}{12}$ ($\frac{1}{2}$ de $\frac{1}{3}$ de $\frac{1}{2}$).

77 sous-divisions ternaires, qui seraient des $\frac{1}{18}$ ($\frac{1}{9}$ de $\frac{1}{2}$).

626 sous-divisions mixtes, qui seraient des $\frac{1}{12}$ et $\frac{1}{18}$ combinés.

Inséré dans la classe C, il offrirait

62 sous-divisions binaires, qui seraient des $\frac{1}{8}$ ou des $\frac{1}{12}$ ($\frac{1}{2}$ de $\frac{1}{3}$ de $\frac{1}{2}$).

62 sous-divisions ternaires, qui seraient des $\frac{1}{12}$ ($\frac{1}{3}$ de $\frac{1}{4}$) et des $\frac{1}{18}$ ($\frac{1}{9}$ de $\frac{1}{2}$) (1).

360 sous-divisions mixtes, qui seraient des $\frac{1}{12}$ de deux espèces, $\frac{1}{8}$ et $\frac{1}{18}$ combinés.

Par où l'on voit que le troisième trait inséré dans la division binaire seulement y engendre un nombre total de 1360 coupes du temps. Mais si l'on voulait exclure de ces coupes celles qui passent les $\frac{1}{12}$, alors elles se réduiraient à 315, comme il est aisé de le voir.

Si l'on porte le troisième trait aux trois classes D, E, F, de la division ternaire, on aura,

En l'insérant dans la classe D :

117 sous-divisions binaires, qui seront des $\frac{1}{12}$ ($\frac{1}{4}$ de $\frac{1}{3}$).

117 sous-divisions ternaires, qui seront des $\frac{1}{18}$ ($\frac{1}{3}$ de $\frac{1}{2}$ de $\frac{1}{3}$).

758 sous-divisions mixtes, qui seront des $\frac{1}{12}$ et $\frac{1}{18}$ combinés.

En l'insérant dans la classe E :

(1) Parmi ces 62 sous-divisions ternaires, il y en a 6 qui ne passent pas les $\frac{1}{12}$ et parmi les 360, il y en a 74 qui sont dans le même cas.

721 sous-divisions binaires, qui seront des $\frac{1}{18}$ ($\frac{1}{2}$ de $\frac{1}{9}$.)

721 sous-divisions ternaires, qui seront des $\frac{1}{27}$.

20,502 sous-divisions mixtes, qui seront des ($\frac{1}{18}$ et $\frac{1}{27}$ combinés.

En l'insérant dans la classe F :

(1) 1,332 sous-divisions binaires, qui seront des $\frac{1}{12}$ ($\frac{1}{4}$ de $\frac{1}{3}$) et $\frac{1}{18}$ ($\frac{1}{2}$ de $\frac{1}{9}$).

1,332 sous-divisions ternaires qui seront des $\frac{1}{18}$ ($\frac{1}{3}$ de $\frac{1}{2}$ de $\frac{1}{3}$) et $\frac{1}{27}$ combinés.

25,026 sous-divisions mixtes, qui seront des $\frac{1}{12}$, $\frac{1}{18}$ et $\frac{1}{27}$ combinés.

Ainsi, le troisième trait engendre dans la division ternaire un total de 50,626 coupes de temps, entre lesquelles il s'en trouve 189 qui ne passent pas les $\frac{1}{12}$; et si l'on réunit ensemble toutes les coupes à simple, double ou triple trait, qui ne passent pas les $\frac{1}{12}$, on en obtient 540, dont 2 sont à trait simple, 34 à trait double, et 504 à triple trait.

Lors donc que je disais ci-dessus qu'on n'est jamais sûr d'avoir lu toutes les divisions praticables du temps, on voit que j'adoucissais l'expression, et que j'aurais dû dire au contraire qu'on est sûr de ne les avoir jamais toutes lues. Sur quoi l'on fera cette réflexion décourageante, qu'il est pourtant nécessaire d'avoir promené sa pensée et sa voix, et plus d'une fois encore, sur ces milliers de

(1) Parmi ces 1332 sous-divisions binaires, il y en a 72 qui ne passent pas les $\frac{1}{12}$

coupes, sans quoi l'on y serait arrêté faute de pratique.... Mais, non, cela n'est pas indispensable, et je vais démontrer qu'il est des considérations à faire, qui en peuvent dispenser et qui rejetteront toute la pratique sur les trente-six premières coupes seulement qui ne passent pas le double trait. Je vois que le lecteur me saura gré de cette énorme réduction, après le souci qu'a dû lui causer le dénombrement à milliers qu'il vient de lire.

Considérons d'abord qu'il y a une autre manière d'engendrer les coupes à triple trait, au moyen des coupes antérieures à double et à simple trait, auxquelles on adjoindrait une coupe (qui n'en est pas une) formée d'un temps entier sans division, et qui s'écrit sans trait, comme 1. Ce n'est, comme on voit, que l'expression du temps originaire sur lequel ont été pratiquées les divisions et subdivisions continuelles par 2 et par 3. Comme le moyen dont je veux parler est général, je vais l'appliquer d'abord à la génération des coupes à double trait.

Or, quelle que soit l'une de ces coupes que l'on examine, on la trouve nécessairement formée de deux ou de trois groupes à simple trait (ou dont l'un au moins est à simple trait), rassemblés sous un trait supérieur; car, d'après les principes qui ont été exposés précédemment, ce sont toujours deux ou trois groupes, ou sons individuels, que l'on aperçoit d'abord sous le grand trait. Quand ce sont des sons individuels, il n'y a pas de traits secondaires, et la division n'est alors que primitive et à simple trait ; mais quand ce sont des goupes de sons, ces groupes sont annoncés à l'œil par des traits secondaires qui en lient les divers sons, comme à une même souche d'où ils furent extraits.

Il faut conclure de là qu'on formerait facilement toutes les coupes du second ordre, en prenant deux par deux, ou trois par trois, de toutes les manières possibles les trois coupes simples 1, $\overline{12}$, $\overline{123}$ (*fig.* 80) (que je désignerai pour un moment par *a*, *b*, *c*) et en recouvrant d'un grand trait ces divers assemblages, sans en exclure la répétition nécessaire de la même lettre.

On formera donc toutes les combinaisons binaires en écrivant chaque lettre à son tour à la suite de chacune de trois lettres *a*, *b*, *c*, ce qui donnera d'abord ces neuf combinaisons.

aa, *ba*, *ca*
ab, *bb*, *cb*
ac, *bc*, *cc*

Comme toutes ces combinaisons, excepté la première, contiennent déjà un simple trait, il est clair qu'en les recouvrant chacune d'un trait supérieur, on aura fait des combinaisons à double trait, et qu'elles seront au nombre de 8 (nombre qui résulte de 3 f. 3, diminué de 1 f. 1). Ce qui est conforme à ce que nous savions d'avance.

Pour former les combinaisons ternaires, il ne faut qu'écrire à la suite des neuf précédentes, chacune à son tour des trois lettres *a*, *b*, *c*, ce qui donnera évidemment vingt-sept combinaisons qui toutes, à l'exception de la première, se trouveront être à double trait, dès qu'on les recouvrira chacune d'un trait nouveau, parce qu'elles en contiennent déjà un simple. Cela fera donc seulement vingt-six combinaisons à double trait dans la division ternaire (ce nombre résulte de 3 f. 3 f. 3, diminué de 1 f. 1 f. 1). Ce qui est encore conforme à ce que nous connaissions. Voici ces vingt-sept combinaisons :

aaa,	*baa*,	*caa*	*aab*,	*bab*,	*cab*	*aac*,	*bac*,	*cac*
aba,	*bba*,	*cba*	*abb*,	*bbb*,	*cbb*	*abc*,	*bbc*,	*cbc*
aca,	*bca*,	*acc*	*acb*,	*bcb*,	*ccb*	*acc*,	*bcc*,	*ccc*

il n'y aurait plus qu'à rétablir, au lieu des lettres *a*, *b*, *c*, les coupes 1, $\overline{12}$, $\overline{123}$, dont elles tiennent lieu, pour voir dans ces tableaux les mêmes coupes à double trait qui ont déjà été détaillées.

Qu'il faille maintenant former les coupes du troisième ordre, il est clair qu'elles résultent de toutes celles des ordres antérieurs, qui sont au nombre de trente-sept, combinées deux par deux, ou trois par trois, selon les mêmes principes : car, en effet, quelle que soit une coupe imaginée du troisième ordre, elle présente nécessairement, sous le grand trait, deux ou bien trois groupes, dont l'un au moins est à double trait, tandis que l'autre ou les deux autres sont ou peuvent être à simple trait et même sans trait. On pourrait donc, s'y prenant comme ci-dessus, désigner par trente-sept lettres ces coupes déja obtenues, et former premièrement les combinaisons binaires, en écrivant chaque lettre à son tour à la suite de ces trente-sept lettres, ce qui donnerait 37 f. 37, ou 1369 combinaisons; former ensuite les combinaisons ternaires, en écrivant à la suite de chacune des binaires chacune des trente-sept mêmes lettres, ce qui produirait 37 f. 37 f. 37, ou 50,653 combinaisons : sur quoi l'on observe que les coupes génératrices 1 $\overline{12}$ $\overline{123}$, n'ayant au plus qu'un seul trait, ne formeraient, en se combinant entr'elles sans le concours des suivantes, que des coupes à double trait tout au plus, qu'il faudrait par conséquent exclure de celles du troisième ordre qu'on cherche à produire; ce serait donc 3 f. 3 ou 9 à retrancher sur les 1,369 combinaisons binaires, et 3 f. 3 f. 3 ou 27 à retrancher sur les 50,653 combinaisons ternaires; moyennant quoi, il resterait 1,360 des unes, et 50,626 des autres, c'est-à-dire, exactement ce que nous avions trouvé d'une autre manière.

Mais voudrait-on exclure de ces combinaisons celles qui passent les douzièmes du temps? alors il faudrait préalablement exclure des trente-sept coupes génératrices celles qui pourraient amener ces fractions subalternes; ne prendre, par conséquent, pour former les combinaisons binaires, que dix-huit de ces coupes, qui sont celles où la division ne passe pas les sixièmes (celles qui sont hors des classes E et F), et ne prendre, pour former les combinaisons ternaires, que six de ces coupes, qui sont celles où la division ne passe pas les quarts (celles qui s'arrêtent à la classe A); parce qu'on voit bien que ces quarts deviendront des douzièmes quand la coupe dont ils font partie ne sera qu'un tiers du temps, et que les sixièmes le deviendront aussi quand la coupe où ils se trouvent n'entrera dans le temps que pour une moitié. On trouve alors que le nombre des premières coupes se réduit à 315 (nombre qui résulte de 18 fois 18, diminué de 3 fois 3), et que le nombre des dernières se réduit à 189 (nombre qui provient de 6 fois 6 fois 6, diminué de 3 fois 3 fois 3). Ce qui est toujours conforme à nos premiers résultats.

On voit combien il serait aisé d'assigner le nombre des coupes du quatrième ordre, et qu'on n'aurait qu'à prendre le nombre de celles des ordres antérieurs, qui est 52,023, en faire le carré ou le cube, d'où l'on retrancherait le carré ou le cube de 37, qui est le nombre de coupes qui ne passent pas le second ordre, et dont les combinaisons deux à deux, ou trois à trois, ne passeraient pas le troisième ordre.

Quand on a bien compris cette génération des coupes avancées du temps, il est aisé d'en fonder la lecture sur celle préalablement connue des coupes à simple et à double trait ; car rien n'empêche un lecteur de voir trois temps dans un seul qui est divisé en trois tiers, ou de voir deux temps dans celui qui est divisé en deux moitiés, c'est-à-dire, de prendre une unité de durée, deux ou trois fois moindre que celle qui est écrite, et d'effacer dans sa pensée tous les traits supérieurs qu'il voit dans le chant : ce qui réduit pour lui les coupes à un ordre inférieur, sans qu'il y ait rien de changé à l'exécution, et sans que les auditeurs remarquent rien de cette opération qui est toute mentale. N'est-ce pas ce que font tous les jours les musiciens quand ils ont à exécuter des triples croches dans les mouvemens largo ? ils les abaissent ainsi à l'état de doubles croches. C'est ce qui arrive aussi dans les mesures dites $\frac{3}{8}$, qui sont des mesures de trois temps, écrites comme si elles étaient d'un seul temps divisé en trois tiers : la croche y sert d'unité, et les doubles croches n'y sont réellement que des demi-temps, quoiqu'à l'écriture on les présente comme des demi-tiers. Ce seront bien des demi-tiers, si l'on veut, mais des demi-tiers de la mesure, et ce n'est pas le nom qu'on leur attribue qui changera l'effet qu'elles doivent produire. Concluons enfin, que toute l'étude de la mesure est renfermée dans le tableau des trente-sept coupes (1) qui ont été énumérées ci-devant.

---

(1) Je compte 37, parce que j'adjoins le temps entier 1 (*Fig.* 80) aux deux coupes à simple trait $\overline{12}$ et $\overline{123}$, et aux 34 coupes à double trait.

Quand j'ai mis un tel tableau, ou ses diverses sections, sous les yeux de mon élève, que pendant une année j'y ai arrêté ses regards, que j'y ai frappé de la baguette toutes les coupes du temps que j'ai voulu lui apprendre, lui faisant articuler en nombres, sur chacune, les parties fractionnaires qu'elle renferme ; croit-on qu'il soit fort à lire la mesure, qu'il ait bien dans l'esprit les effets variés que ces coupes produisent, et qu'enfin sa mémoire soit suffisamment meublée de ces phrases rhythmiques sous lesquelles on range les sons de la mélodie ?........ Sans contredit, tout cela arrive, et l'expérience l'a bien prouvé. Mais qu'ai-je besoin d'invoquer l'expérience? Quel lecteur ne voit que je grave, physiquement parlant, les idées dans sa tête, même sans le concours de sa volonté, et que j'imprime autant de coups sur son cerveau que sur les tableaux où je frappe? Il ne faut donc que mesurer combien de fois dans une année, et premièrement dans une heure, je peux reproduire à ses yeux chaque coupe de ce tableau. Or, il est clair que c'est par centaines qu'on doit compter ici.

Voilà donc, pour l'étude de la mesure, un moyen aussi nouveau et aussi infaillible que celui par lequel j'enseigne l'intonation, outre qu'il lui est parfaitement analogue. C'est au bout d'une baguette, que je porte dans l'esprit de mes élèves toutes les idées que je veux y mettre. Je dis infaillible, car remarquez bien qu'en toute étude de pratique (1), le plus ou moins de savoir dans les individus d'égale organisation ne peut dépendre que du plus ou moins d'exercice ; or, il s'ensuit, ou que l'individu n'était pas apte à apprendre la chose (ce que je n'oserais affirmer d'aucun sujet, parce que c'est un point qu'on n'a jamais démontré), ou qu'avec une pratique suffisante il parviendra à la savoir. Mais quel est le degré de ce mot *suffisante* ?....... Il n'importe, on l'ignore, et toutefois il reste démontré que si je lui fais faire en une année, par mes procédés, autant de pratique que par d'autres méthodes il en aurait fait en dix ans, j'ai réduit au dixième le temps quelconque nécessaire pour posséder ces pratiques au même degré dans les deux cas. Je dis ces *pratiques* seulement, et je ne veux pas tirer avantage de la partie *scientifique* dont elles sont ici accompagnées.

Mais à quoi bon lui enseigner cette manière d'écrire mathématiquement les durées, puisque ce n'est pas ainsi écrites que l'usage les lui présentera? N'est-ce pas une double étude que je lui fais faire, et dont l'une est inutile?..... Non certes, ce n'est pas une double peine que je lui fais prendre, quoiqu'il y paraisse. A quoi bon, demandez-vous? d'abord, à lui donner des

(1) Toutes nos études ont la pratique pour but, sans quoi elles seraient illusoires. La théorie n'est faite que pour l'atteindre plutôt et plus sûrement.

idées exactes, sans lesquelles personne ne peut faire une juste opération de l'esprit; ensuite, et par suite, à lui donner l'intelligence de tous autres signes, si mauvais qu'ils soient, sans en excepter ceux dont on se sert. Vous ne voyez donc pas de quelle force est capable un élève ainsi armé? Vous ne voyez pas qu'il découvrirait tout seul au besoin la valeur de vos signes de durée, quand même il n'en aurait jamais entendu parler, quand même vous viendriez de les créer tout nouvellement? Telle est pourtant la conséquence de ses idées acquises.

En effet, il tient une musique à la main, qu'il ne sait pas lire, je suppose, à raison des signes de durées qui lui sont inconnus; mais d'abord il se dit en y jetant les yeux : il n'y a pas là une idée écrite que je n'aie par avance dans la tête et je suis prêt à l'exprimer correctement, aussitôt que j'apercevrai le rapport de ces signes à ceux qui me sont familiers. Or, cela est-il bien difficile? en voilà déjà plusieurs tels que je les connais. Voyons les autres: mesure à quatre temps, quatre noires dans une mesure; donc chaque noire est pour un temps: ici, trois noires et deux croches; donc la noire vaut deux croches, et ces croches sont deux demi-temps : là, trois noires et quatre doubles croches, qui sont donc quatre quarts de temps ou de noire : ailleurs, une croche simple et deux doubles pour remplacer une noire; c'est donc une moitié avec deux quarts, mais c'est mal écrit de les séparer : là, elles sont bien écrites, parce qu'on les a liées. Maintenant je vois un point qui touche la note qui prolonge ; il est mal posé, car il appartient au temps suivant, ou à la seconde moitié du même temps : n'importe, il suit une blanche, et une noire vient après ; donc il est là pour une noire, pour un temps. En voici un autre qui suit une noire et qui est suivi d'une croche : là il vaut donc demi-temps, puisque les deux demi-temps de la mesure sont d'ailleurs complets.... N'y a-t-il rien de plus difficile que cela ? Eh quoi ! ce ne sont que les propres signes qu'on m'a fait connaître ; mais qui sont mutilés en divers endroits. Proprement ce sont les lettres des mots du discours, dont on s'est plu à déranger les distances, faisant quelquefois passer à la fin d'un mot les lettres qui commencent le suivant, et d'autres fois séparant toutes les lettres comme si elles faisaient autant de mots. On ne peut pas appeler cela une *autre* écriture, mais tout au plus une écriture dégénérée de la première.

Voilà les raisonnemens que feraient mes élèves pour apprendre d'eux-mêmes les signes ordinaires, si je négligeais de les leur montrer. Je dis plus : voilà les raisonnemens *qu'ils ont faits* dans l'impatience de connaître ces signes avant le temps que j'avais marqué pour les en instruire. Mais quand ce temps est venu, je leur ai donné chaque jour une pièce de musique gravée, pour la traduire selon nos signes perfectionnés, je ne dis pas en chiffres, il ne faut pas qu'on s'y trompe, je dis en *notes noires* bien assemblées sous les traits qui rendent les temps distincts à la vue (1). Quand ils ont fait cette traduction plusieurs mois matériellement, c'est-à-dire, la plume à la main, alors on conçoit qu'ils la peuvent faire mentalement assez vîte pour chanter la pièce proposée en même-temps qu'ils la traduisent. Mais alors le spectateur ne voit plus une double opération, il n'en voit qu'une seule qui est l'action de chanter, l'autre lui étant cachée, parce qu'elle se passe toute dans l'esprit du chanteur; or, c'est celle-ci qui forme le secret de tout musicien et son vrai procédé de lecture.

Le lecteur a dû remarquer que dans notre manière d'écrire les fractions du temps, le mode de leur génération reste toujours à découvert; ainsi, par exemple, quand on voit que l'unité est divisée en sixièmes, on voit en même-temps si ces sixièmes sont venus en prenant la moitié du tiers, ou en prenant le tiers de la moitié; car dans le premier cas ils se présentent en trois groupes de deux sons, comme 12 34 56 (*fig*. 75) (2); et dans le second cas en deux groupes de trois

(1) Mais cette traduction en notes noires ne doit venir qu'après de nombreuses traductions en chiffres, qui peignent l'intonation d'une manière beaucoup plus lisible. (A. P.)

(2) C'est ce que les musiciens appellent des *six* ou *sixièmes*; dénomination vague, puisqu'elle conviendrait également aux *tiers de moitié*, mais ils appellent ceux-ci des *trois ou triolets*.

sons, comme 123 456 (*fig.* 77). (Voyez les classes B et D ci-dessus). Cette double expression des sixièmes, qui est indispensable puisqu'elle répond à deux effets distincts dans le chant, entraîne une triple expression des douzièmes et des dix-huitièmes : les douzièmes, par exemple, peuvent s'engendrer par quart de tiers faisant trois groupes de quatre sons, ou par tiers de quart faisant quatre groupes de trois sons, ou par demi-tiers de moitié faisant six groupes de deux sons répartis en trois groupes et trois groupes ; en conséquence ils peuvent s'écrire de ces trois manières :

12 34 12 34 12 34, 123 456 123 456, 12 34 56 12 34 56

(*Fig.* 70).

la première expression vient, comme on voit, de la division ternaire, et les deux autres viennent de la division binaire.

On doit comprendre à présent pourquoi la pluralité des traits est nécessaire dans l'expression des fractions du temps. Elle est indispensable sous un double rapport : premièrement, pour qu'on aperçoive la génération de ces fractions, condition sans laquelle on ne pourrait les lire, ou on les lirait de plusieurs manières si elles comportaient plusieurs modes de génération ; elle l'est encore pour aider l'œil à compter le nombre de sons groupés dans chaque temps ; car l'arithmétique de l'œil, comme celle de l'oreille, ne s'étend qu'au nombre trois ; au-delà de ce terme l'œil ne voit et l'oreille n'entend qu'une multitude confuse qu'ils ne démêlent qu'à l'aide d'un calcul. Qu'on essaie, par exemple, de se représenter mentalement *six* points ou six objets également espacés sur une même ligne, ou, qui plus est, assemblés en un tas; on y fera d'inutiles efforts, et l'on sera réduit à la fin à se figurer deux groupes de trois, ou trois groupes de deux objets ; de même pour se représenter le nombre *neuf*, on est obligé de le distribuer en trois groupes de trois unités : et si quelque cause extérieure vient troubler cet arrangement, le nombre aussitôt s'efface de la pensée. En un mot, les nombres un peu grands ne se peignent à l'esprit qu'à l'aide d'une décomposition qui même ne peut s'étendre fort loin ; et l'on remarquera, peut-être avec quelque surprise, que cette décomposition est exactement la même que celle que nous pratiquons dans l'écriture musicale. Il ne suffirait donc pas de ne couvrir que d'un trait les six sixièmes, ou les huit huitièmes, ou les douzes douzièmes d'un temps, comme l'aurait fait J. J. selon ses principes; et c'est là un défaut considérable de sa notation, qui d'une part ne lui permettait pas de distinguer les diverses espèces de sixièmes et de douzièmes qui sont dans le chant, et qui de l'autre n'avertissait pas l'œil assez prestement d'un changement de fraction et de vîtesse d'un temps à l'autre.

Il me reste à parler du silence et de la syncope, dont l'un se désignera par le zéro, et l'autre par un point mis à la suite du son ou du silence qu'on veut prolonger (*fig.* 64). D'abord, employé sans trait, ce point va prolonger une durée d'autant d'unités entières qu'on voudra. En voici des exemples (*fig.* 81) :

. Prolongation d'un temps.
. . Prolongation de deux temps.
. . . Prolongation de trois temps.
etc.

Or, cette prolongation peut s'attribuer également soit au son, soit au silence qui précède le point (*fig.* 82) ;

Exemples :

Durée d'un temps de son	1	Durée d'un temps de silence	0
Durée de 2 temps de son	1 .	Durée de 2 temps de silence	0 .
Durée de 3 temps de son	1 . .	Durée de 3 temps de silence	0 . .
Durée de 4 temps de son	1 . . .	Durée de 4 temps de silence	0 . . .
etc.		etc.	

Rien n'empêche pourtant de répéter le zéro pour en prolonger la durée, comme 00, 000, 0000 (*fig.* 83) ; mais si l'on répétait de même le chiffre indicateur du son, ce ne serait plus ce qu'on voulait exprimer, parce que le chanteur refrapperait ce son, au lieu de le soutenir autant de fois qu'il le verrait écrit. Dans ce cas, on recouvre d'un arc tous ces sons répétés, et cet arc fait l'office des points ; mais son usage est moins commode ($\overset{\frown}{11}$, $\overset{\frown}{111}$, $\overset{\frown}{1111}$) (1).

Nous venons de voir les prolongations entières ; voyons les prolongations fractionnaires, et les variétés qu'elles amènent dans les diverses coupes du temps. Comme les chiffres d'ordre tiennent lieu dans ces coupes, soit de sons, soit de silences, soit de syncopes, ainsi que nous en avons averti, si l'on veut à présent faire la distribution de ces divers cas, on n'a qu'à consacrer spécialement ces chiffres à la représentation des sons ; et les remplaçant un à un, deux à deux, etc. de toutes les manières possibles par le point ou par le zéro, on verra naître toutes les variétés relatives à la syncope et au silence.

Soit d'abord les coupes du premier ordre $\overline{12}$ et 123 (*fig.* 84) : le point simple peut occuper deux places dans la première, et trois dans la seconde ; le double point peut offrir une seule variété dans celle-là, et trois dans celle-ci ; enfin, le triple point n'offre qu'une variété dans la seconde coupe (*fig.* 85). Cela ferait donc en tout trois variétés dans la division binaire, et sept dans la division ternaire. Mais de ces dix variétés il faut supprimer les quatre que voici (*fig.* 86), $\overline{1.}$, $\overline{1..}$, $\overline{..}$, $\overline{...}$, parce qu'elles reviennent, savoir : les deux premières à 1, et

(1) On a vu des exemples de cette manière d'indiquer les prolongations par le *coulé* et la répétition du chiffre, aux pages 20, 26, etc. (A. P.)

les deux dernières à ., qui sont déja rangées parmi les coupes sans trait. Il ne reste donc que les six variétés suivantes :

(M) $\overline{\cdot 2}$, $\overline{\cdot 23}$, $\overline{1 \cdot 3}$, $\overline{12 \cdot}$, $\overline{\cdot \cdot 3}$, $\overline{\cdot 2 \cdot}$. (1) (*Fig.* 87).

L'insertion du zéro parmi les sons étant soumise aux mêmes lois, on aura donc dix variétés de ce genre, sur lesquelles on retranchera ces deux $\overline{00}$, $\overline{000}$ (*fig.* 90), comme revenant au seul temps de silence 0, et il restera les huit variétés que voici :

(N) $\overline{10}$, $\overline{02}$, $\overline{023}$, $\overline{103}$, $\overline{120}$, $\overline{003}$, $\overline{020}$, $\overline{100}$ (*Fig.* 90).

Enfin, si l'on veut combiner le point avec le zéro dans un même temps, cela offrirait bien deux variétés dans la division binaire, et douze variétés dans la division ternaire ; mais ces quatorze coupes se réduisent aux sept suivantes par la suppression des sept autres qui rentreraient dans celles déjà obtenues :

(O) $\overline{\cdot 0}$, $\overline{\cdot 00}$, $\overline{\cdot \cdot 0}$, $\overline{1 \cdot 0}$, $\overline{02 \cdot}$, $\overline{\cdot 20}$, $\overline{\cdot 03 \cdot}$ (*Fig.* 91).

---

(1) La troisième de ces coupes est celle qu'on désigne ordinairement par une noire et une croche dans les mesures dites $\frac{6}{8}$ et $\frac{3}{8}$ (*Fig.* 88).

La première, répétée plusieurs fois à la suite d'elle-même, et précédée de la coupe $\overline{12}$, comme ici :

| $\overline{12}$ $\overline{\cdot 2}$ $\overline{\cdot 2}$ $\overline{\cdot 2}$ | $\overline{\cdot 2}$ $\overline{\cdot 2}$ etc. (*Fig.* 89).

est ce qu'on a coutume de désigner par une croche suivie de plusieurs noires qui font des syncopes continues.

Encore observez que si le point qui commence le temps, dans les trois premières et les deux dernières de ces coupes, n'était que la prolongation d'un zéro qui le précéderait dans la mélodie (*fig*. 92), ces cinq coupes seraient comprises parmi celles ci-dessus. Mais comme ce point peut aussi bien prolonger un son antérieur, j'ai dû énumérer ces coupes comme offrant des variétés distinctes (*fig*. 93).

On voit assez, par ces exemples, comment s'obtiendraient les variétés des coupes du second ordre. Je ne m'y arrêterai pas. J'observerai seulement que la classe A fournit neuf variétés par l'insertion du point, savoir :

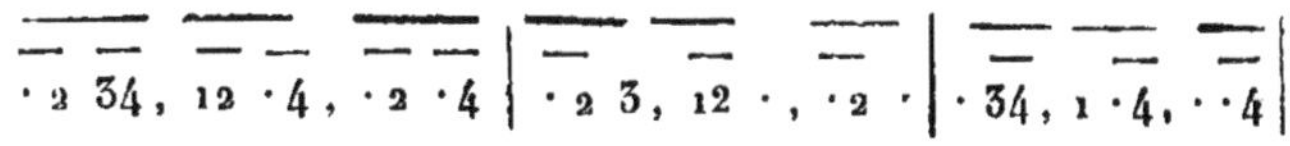

· 2 34, 12 · 4, · 2 · 4 | · 2 3, 12 ·, · 2 · | · 34, 1 · 4, · · 4 |

(*Fig.* 94 *et* 74).

Que la huitième de ces coupes répond à ce qu'on nomme les croches pointées, et que la neuvième présente un exemple de l'emploi du double point exactement comme dans l'écriture reçue, mais que ce n'est pas une raison d'en tirer le principe qu'un second point doive toujours valoir la moitié du premier, puisqu'on voit par la cinquième coupe de la classe M (*fig*. 95), et par les autres ci-dessus, qu'il peut en être et qu'on a besoin qu'il en soit autrement.

Le lecteur traduira sans peine, en notes ordinaires, les exemples que j'ai écrits en chiffres, puisqu'il ne faudra que mettre une note à queue à chaque chiffre, sans faire subir aux traits qui les couvrent aucun dérangement. Cette note n'aura jamais besoin que d'une seule figure; ce sera, comme je l'ai dit, le gros point noir appelé *noire*. Le menu point restera combiné entre ces notes, comme il l'est entre les chiffres. Quant aux silences, si l'on ne veut pas de zéro à queue pour le représenter, on prendra tout autre signe moins commode, même un de ceux dont on se sert, pourvu qu'on n'en prenne qu'un seul qui viendra se combiner entre les notes et sous les traits, de même que le zéro l'aurait fait et qu'on l'a vu ci-dessus. Au surplus, il ne faut pas qu'on demande ce que vaut la *noire*, ce que vaut la *croche*, ce que vaut le *point*, ni la *double croche*, ni le *zéro* à queue, dans mon système; car ce serait la preuve qu'on ne l'aurait pas compris : la valeur relative de ces signes est tout-à-fait indéterminée, tant qu'on les considère épars et isolément; mais elle se détermine sans équivoque, quoique très-diversement, à l'aspect des temps où on les a diversement groupés.

Pour bien apprécier la clarté de cette écriture, il ne faut que voir comme elle est conforme à la génération des idées qu'elle exprime. L'oreille ne juge des durées que par les retours équidistans d'un choc continuel qui l'affecte; et, s'il était possible de suivre les progrès de l'éducation de cet organe depuis sa naissance, nous trouverions que dans son premier période elle n'est affectée que de l'uniformité de ces retours, qu'elle ne sent que des durées égales, que des unités de temps. Ce n'est qu'ensuite qu'elle apprend à diviser ces intervalles par *un* choc intermédiaire ou par *deux* seulement; et alors il lui est nécessaire d'affaiblir ces coups interposés, pour ne pas laisser se perdre l'idée de l'unité génératrice. Plus tard elle parvient à distinguer de nouveaux coups au milieu ou aux deux tiers des précédens; mais elle n'étend guère plus loin cette sous-division, sans être obligée de changer son unité primitive et de la réduire, par exemple, à moitié ou au tiers de ce qu'elle était. D'un autre côté, si le choc *unitaire* cesse d'agir en quelques endroits, l'oreille y supplée en empruntant le secours d'un autre sens: le tact (1), par exemple, la sert très-bien dans cette opération; c'est par lui que le médecin compare les intervalles des pulsations; c'est par lui encore que le musicien compte des silences et des syncopes, même lorsque le spectateur n'en remarque rien. Tout indique donc qu'il faut retracer aux yeux, dans l'écriture comme elles le sont à l'esprit, ces époques équidistantes de la durée, ce choc unitaire que l'oreille a besoin de sous-entendre aussi nécessairement qu'une note tonique parmi les intonations.

---

(1) Le toucher est le sens le plus général; et l'on pourrait dire que les autres n'en sont que des modifications, et que l'ouïe, la vue, l'odorat, le goût, ne sont que le tact rapporté à de certaines parties du corps.

Il s'ensuit encore qu'elle ne juge pas de la durée individuelle des sons consécutifs, mais qu'elle a besoin qu'ils soient rassemblés dans les intervalles des chocs fondamentaux, sans se confondre avec eux. Si, par exemple, on exprimait une suite de sons à intervalles inégaux, et dont les durées fussent, je suppose, telles que

$$\frac{1}{4}\ \frac{1}{3}\ \frac{1}{2}\ \frac{3}{4}\ \ 1\ \ \frac{2}{3}, \text{ etc.}$$

l'oreille ne saurait s'en rendre compte et n'y trouverait que confusion, quoique pourtant ces durées soient de celles qu'elle peut mesurer dans d'autres cas. C'est parce que le choc unitaire ne tombant sur aucune de ces époques, on n'y voit plus de terme commun de comparaison. Par conséquent, une écriture qui ne ferait que représenter ces époques irrégulières, avec la simple indication de leur durée individuelle, comme serait dans cet ordre (fig. 96) une double croche pour le $\frac{1}{4}$, une croche de triolet pour le $\frac{1}{3}$, une croche ordinaire pour la $\frac{1}{2}$, une croche pointée pour le $\frac{3}{4}$, une noire pour le 1, deux croches de triolets liées pour représenter les $\frac{2}{3}$; une telle écriture, dis-je, serait complètement illisible, et arrêterait à coup sûr les plus habiles praticiens; non que le passage dont il s'agit soit impraticable de sa nature, mais c'est qu'il le devient par la manière obscure de le présenter; car, d'ailleurs, il cesse de l'être aussitôt que l'on y a fait la distribution des temps, et que l'on y a mis en évidence l'unité de durée que cherchent l'œil et l'oreille pour se diriger; en cette sorte :

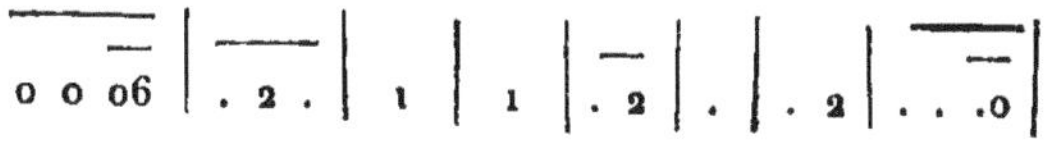

o o o6 | . 2 . | 1 | 1 | . 2 | . | . 2 | . . .o | (*Fig.* 97).

d'où j'infère que les notes ordinaires, employées isolément comme on le fait, n'ont pas la puissance de rappeler à l'esprit les diverses fractions du temps, et que ce n'est pas en les considérant de cette manière qu'on parvient à les lire.

Les mêmes considérations nous font voir pourquoi les silences et les syncopes mis à l'entrée des temps font un effet si peu naturel et qui paraît si étrange aux oreilles inexpérimentées. Je veux parler des coupes de cette espèce.

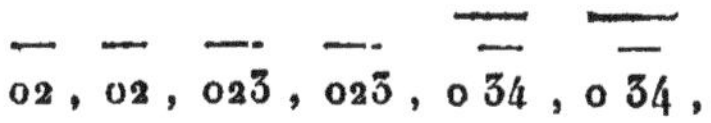

o2, o2, o23, o23, o 34, o 34, etc. (*Fig.* 98).

C'est que la durée d'un son n'a pas de terme distinct comme son origine, et qu'on n'est averti qu'il finit, qu'à l'instant précis où un autre commence. Or, le silence dont il est ici accompagné ne laisse plus entendre cette limite, puisqu'il n'en est que la suppression; et c'est de quoi sont d'abord choquées les personnes qui n'ont pas ajouté l'éducation de l'art à celle de la nature. Aussi, quand on fait alterner des sons et des silences dans la mélodie avec une certaine vitesse, tout ce qu'on y peut connaître, c'est que les uns et les autres se succèdent de telle façon que le temps en est rempli; mais il est physiquement impossible de dire pour quelle fraction chacun y entre. Ainsi, à la vue de ces deux exemples :

(*Fig.* 99).

| 10, 10, 10 | 10, 10, 10 | etc.

| 10 0, 10 0, 10 0 | 10 0, 10 0, 10 0 | etc.

dont l'un présente plusieurs demi-temps de son séparés par des demi-temps de silence, et l'autre plusieurs quarts de son séparés par trois quarts de silence, vainement l'œil décide qu'ils doivent produire un effet différent ; car cette différence échappe à l'oreille dans l'exécution. Par conséquent, il serait illusoire d'avoir une préférence scrupuleuse pour l'une ou l'autre de ces façons d'écrire, si ce n'est pour la plus simple des deux ; et je dois observer à ce sujet, que cette considération diminuera d'autant le nombre des variétés qu'apportent la syncope et le silence dans les coupes du temps.

C'est toujours par les mêmes principes qu'on s'expliquera le bizarre effet que produit le concours de deux parties de chant, quand l'une est soumise à la mesure binaire et l'autre à la mesure ternaire. On doit comprendre pourquoi l'oreille a tant de peine à saisir ce double effet, et les lecteurs plus de peine encore à l'exécuter : c'est que l'attention se partage pour diviser ici la mesure ou le temps de deux manières, et que l'oreille préoccupée de deux effets qui ont des causes différentes, affectée à la fois de deux unités inégales, n'aperçoit plus cette unité de rhythme qui est aussi essentielle à la symphonie que l'unité de ton et que l'unité de chant, s'il est vrai qu'en fait de beaux-arts le goût sévère réclame une unité de dessin. Nous avons quelques pièces de musique composées en entier sur ce double rhythme, mais qui présentent plus de difficulté que d'agrément à l'exécution.

Toutefois, quelque difficile que soit ce genre d'exécution à deux mains pour les joueurs de piano, je peux assurer qu'il ne sera pas tel pour mes élèves, parce que je leur enseigne à l'exprimer avec deux baguettes de la manière la plus rigoureuse; mais je les conduis à cette connaissance par l'analyse raisonnée de ces deux coupes du temps, et ce n'est pas sans surprise qu'ils l'exécutent au premier mot d'explication que je leur en donne, lorsque déjà ils l'avaient jugée impossible sur plusieurs essais infructueux que je leur avais prescrit d'en faire. Je ne dirai pas ici ce mot d'explication: je veux laisser au lecteur qui m'aura lu avec quelque soin, le plaisir de le découvrir (1).

Il faut convenir qu'on aurait bien peu à faire pour perfectionner l'écriture reçue selon les principes que nous venons d'établir. Il ne s'agirait point de changer les signes d'intonation, et de substituer des chiffres aux portées; l'écriture que nous avons peut devenir claire et correcte, sans y faire ce grand changement que demandait J. J. Rousseau.

(1) Par le même motif, j'imite le silence de l'auteur.
(A. P.)

Tout dépend des signes de durée que j'ai fait voir qu'on peut réduire à trois quand on voudra; signes connus des musiciens et dont il ne s'agit que de faire un meilleur emploi à l'aide des traits qui doivent les recouvrir et les lier. Que l'on considère que la musique dite *instrumentale*, n'est pas fort éloignée de ce degré de perfection, et qu'il est une foule de cas où l'on n'aurait aucune modification à y faire. Les mesures à $\frac{2}{4}$, par exemple, se trouvent clairement écrites, sauf les cas de syncopes et de silences brefs; les mesures à $\frac{6}{8}$ sont bien écrites aussi, sauf les mêmes circonstances, etc. (1)

Je conviens que la musique *vocale* paraît s'écarter davantage de ces principes; mais c'est parce qu'on l'écrit autrement que la musique instrumentale, sans avoir néanmoins aucun bon motif de le faire. Qu'est-il besoin de disjoindre les notes qui appartiennent à un même temps? C'est, dit-on, pour les faire répondre aux syllabes; mais plutôt c'est aux syllabes à se disjoindre pour venir répondre aux diverses notes; et rien n'empêche d'ailleurs

(1) Il faut avoir soin seulement, quand on place deux ou trois traits l'un sur l'autre, comme dans les doubles et triples croches, de ne pas faire le second trait continu sous le premier, ni le troisième sous le second; mais de briser ces traits inférieures, conformément aux groupes de son que chacun est destiné à couvrir. Par exemple il faut écrire quatre doubles croches ainsi : 12 34 (*Fig.* 100), et non pas ainsi 1234. J'en ai dit les raisons plus haut.

de tenir les notes d'un temps un peu plus écartées, s'il en est besoin, sans cesser de les tenir liées par les traits convenables. Mais, dit-on encore, si plusieurs sons répondent à une seule syllabe, par quoi en sera-t-on averti? on le sera par le signe d'usage qu'on appelle *coulé*, et qui est un petit arc qui embrasse ces notes. Ainsi, tant qu'on ne verra pas cet arc, chaque note sera pour une syllabe : d'où il résulte qu'il n'est pas même besoin que les syllabes répondent bien verticalement sous chaque note, et qu'il suffit qu'on voit distinctement la première syllabe et la dernière de chaque mesure, car on saura d'avance qu'il doit nécessairement y avoir dans chacune autant de syllabes que de notes, en ne comptant que pour une seule plusieurs notes couvertes d'un arc. Quand des améliorations coûtent si peu à faire, pourquoi voudrait-on s'en priver ?

Après tout, il faut bien avouer que c'est d'après ces principes, d'après cette exacte distribution de sons, que l'on exécute toute musique ; et que c'est parce que dans l'écriture reçue elle ne se montre pas toujours clairement aux yeux, que le musicien, même expérimenté, est forcé de s'arrêter devant certains passages pour y rétablir cette distribution rigoureuse qu'il n'y voit pas ; que cela arrive surtout dans ces mesures où se rencontrent des silences pointés et entremêlés de sons brefs. Que l'on réfléchisse encore qu'un instrument ne peut point exécuter, à livre ouvert, une musique vocale un peu travaillée, parce que les signes n'y sont pas groupés comme il convient, mais y sont épars et en désordre pour répondre, dit-on, aux syllabes; et l'on sera convaincu que la seule figure des notes n'a aucunement la vertu qu'on a cru lui attribuer, de désigner à l'esprit la durée relative des sons, ni encore moins leur durée absolue.

Quant à la notation par chiffres, je crois qu'elle ne répugnerait point aux musiciens vocalistes, parce qu'en peu de jours ils la liraient aussi couramment que l'autre. Mais elle répugnerait sans doute beaucoup aux joueurs d'instrumens, parce que, pour la lire suffisamment vîte, ils devraient l'étudier presqu'aussi long-temps qu'ils ont fait la première. Je peux rendre raison de cette différence : dans l'exécution instrumentale, les signes écrits ont un rapport direct au doigter et même n'en ont pas d'autre à l'esprit du joueur ; en sorte que la vue des signes ne fait que provoquer le mouvement des doigts. Cette liaison est fortement établie par une longue pratique ; on la détruirait en entier, si l'on changeait les signes, comme si l'on changeait le doigter de l'instrument. Il n'en est pas de même dans l'exécution vocale ; les signes n'appellent les idées que par l'intermède des mots, et ce sont les idées qui déterminent les inflexions de l'organe vocal. En un mot, nous ne lisons de la voix que par une double traduction du signe visuel au signe oral, et du signe oral à l'idée ; au lieu que nous lisons de l'instrument par la liaison directe du signe visuel au doigter, sans le concours de l'idée ni du mot. Si les mots intervenaient dans cette opération, c'est-à-dire, si l'instrument prononçait les mots *ut ré mi*.....en même temps qu'il en exprime les sons, il serait alors dans le même cas que la voix, et les chiffres ou les lettres seraient aussi indifférens que les portées ordinaires à l'exécutant. Mais c'est précisément ce qui n'a pas lieu.

Au surplus, si l'on voulait rendre usuelle la notation par chiffres, il faudrait faire de notables modifications aux principes de J. J. On ne pourrait pas, par exemple, ne noter qu'en *ut*, comme il l'entendait, toutes les phrases de divers tons qui se succèdent dans le cours d'un long morceau de musique, en sorte que l'*ut* fut continuellement mobile comme la modulation; car, comment l'instrument pourrait-il élever sans cesse ou abaisser cet *ut* à l'instar de la voix? Il faudrait pour cela une construction d'instrument particulière et jusqu'ici inconnue ; ou bien, comme le voulait J. J., il faudrait que le joueur venant de voir l'*ut* dans le chiffre 1, le vit maintenant dans le chiffre 5, plus loin dans le chiffre 4, etc.; de façon que, seulement dans notre système tempéré, le même signe devrait lui représenter, selon le ton où il serait, douze doigters différens. Il est difficile de concevoir qu'il ne s'égarât pas bientôt au milieu de cette excessive mobilité de signes. Non, quoiqu'en ait dit le célèbre J.-J., la transposition n'est point facile sur les chiffres, même de la voix : l'œil a une peine extrême à voir un chiffre dans un autre ; au lieu que sur les portées, à cause de la similitude de position des notes sous les diverses clefs, la transposition est aisée quand on s'est accoutumé à ne dénommer les barreaux que par leurs intervalles respectifs. Or, j'ai fait voir par l'expérience de ma méthode, qu'il est facile de donner l'habitude de toutes les clefs en très-peu de temps.

Toutefois il faut convenir que si les chiffres ont du désavantage contre les portées, sous le rapport de la transposition, ils ont incontestablement l'avantage sur elles, quand il ne s'agit que de l'expression d'un ton unique : la forme du chiffre est saisie de l'œil beaucoup plus vîte que la distance des barreaux ; et s'il fallait franchir de grands intervalles, comme des sixtes, des octaves, des dixièmes, on le verrait plus distinctement et plutôt sur les premiers signes que sur les seconds.

En dernière analyse, la facilité de l'exécution instrumentale, je dirais presque la possibilité de cette exécution, exige une parfaite fixité de signes ; elle exige que le chant soit écrit dans le ton même où il doit être joué. Ainsi, dès qu'on voudra écrire de la musique en chiffres pour les instrumens, il faudra nécessairement le faire de cette manière, c'est-à-dire, en y exprimant les dièses et les bémols convenables à chaque ton, comme il est d'usage de le faire sur les portées ordinaires. C'est avec ces modifications qui le rapprochent beaucoup de notre écriture, que j'ai fait connaître à mes élèves une notation par chiffres ou par lettres. On sent que puisqu'ils savent solfier dans tous les tons, le motif qui portait J. J. à tout écrire en *ut* n'existe plus pour eux, et ce motif était précisément l'extrême difficulté de la lecture à divers tons provenant du changement de propriété des notes; difficulté qui a subsisté dans toute sa force jusqu'à l'époque actuelle.

Je viens à la distinction des mesures. Je les réduis toutes à deux espèces, savoir: à deux temps ou à trois temps, qui se distinguent l'une de l'autre par la différente périodicité des temps forts. Mais j'observe que chacune de ces deux espèces peut offrir deux variétés, selon le mode de division binaire ou ternaire qu'on adoptera pour le temps, et qui est ordinairement uniforme dans le cours d'un même chant. J'indiquerais à la clef, s'il en était besoin (1), l'espèce de la mesure par le chiffre 2 ou 3, et sa variété par un tel chiffre écrit sous le premier. Ce qui me donnerait ces quatre sortes de désignations,

$$\frac{2}{2},\ \frac{2}{3},\ \frac{3}{2},\ \frac{3}{3},$$

(1) Galin a raison d'ajouter ces mots : *s'il en était besoin*, car sa notation rend inutile des indications de ce genre, et la simple inspection d'une mesure suffit pour en déterminer la nature. (A. P.)

la première est celle qu'on connaît sous le nom de $\frac{2}{4}$. On n'y rencontre de tiers de temps ou de triolets qu'accidentellement ; car, s'ils paraissaient constamment, ce serait la seconde désignation que j'aurais mise à clef : et cette seconde mesure est celle qui est connue sous le nom de $\frac{6}{8}$, mesure dans laquelle ne paraissent qu'accidentellement les moitiés de l'unité. La troisième est connue sous le nom de $\frac{3}{4}$; le temps y est soumis à la division binaire, comme l'indique le dénominateur 2, et par conséquent les tiers de temps n'y sont que de passage, au lieu qu'ils sont permanens dans la quatrième, qui est celle qu'on nomme mesure à $\frac{9}{8}$.

La mesure, dite de $\frac{3}{8}$, est écrite dans l'usage comme mesure d'un seul temps subdivisé par tiers : je peux conserver cette écriture, qui est correcte, en la désignant à la clef par $\frac{1}{3}$ (*fig.* 101), conformément à l'analogie des précédentes ; mais je peux aussi l'écrire comme mesure de trois temps $\frac{3}{2}$ (*même fig.*), et de cette manière éviter un trait de notation.

Pourquoi, sur le modèle des mesures $\frac{3}{8}$, n'a-t-on pas fait des mesures de $\frac{2}{8}$ (*fig.* 102), qui seraient de vraies mesures d'un temps divisé par demies? Si l'on veut employer de telles mesures, je les désigne par $\frac{1}{2}$ (*fig.* 103) ; mais je pourrais, en effaçant un trait, les écrire comme mesures de deux temps $\frac{2}{2}$ (*fig.* 104).

Je n'ai pas fait une espèce séparée de la mesure à quatre temps, parce qu'elle n'offre pas un rhythme différent des précédentes, bien qu'on l'ait regardée comme fondamentale en lui comparant toutes les autres. Il ne faut pas confondre les effets qui naissent du *mouvement* avec ceux qui proviennent de la *mesure :* ceux-ci ont pour cause le mode d'opposition des temps forts et faibles, un contre deux ou un contre un ; et ceux-là la durée absolue du temps pour telle fraction de minute ou de seconde. En séparant donc ces deux causes, je ne vois dans la mesure à quatre temps qu'une double mesure de deux temps, dont le but ne peut être que de réduire à moitié le nombre de barres verticales qui séparent les mesures de la notation. Je conserve cette mesure (*fig.* 105), non comme espèce, mais seulement comme abréviation, telle que je viens de dire. On peut bien aussi la regarder comme de deux temps, si l'on réduit en un seul temps les deux premiers de la mesure, et en un autre les deux derniers ; mais j'observe que l'écriture ne répond pas à cette supposition, puisque les deux premiers temps, ainsi que les deux derniers, sont séparés et non liés par un trait supérieur. Cependant il est aisé au lecteur de rétablir ce trait par la pensée, comme dans d'autres cas où il le verrait écrit, il pourrait aisément en faire abstraction.

Rien n'empêchait de faire sur ce modèle des mesures de six temps, qui fussent des doubles mesures de trois temps ; et c'est ce qu'on a fait. Mais comme l'œil ne compterait pas commodément un si grand nombre de temps, s'ils étaient épars dans l'intervalle d'une barre à une autre, et comme d'ailleurs rien ne l'avertirait si ce n'est pas une triple mesure de deux temps qu'on aurait écrite, il a fallu lier les trois premiers temps entr'eux, et lier les trois derniers, ce qui a donné, d'une autre manière que ci-dessus, la mesure dite à $\frac{6}{8}$. Cette mesure a donc deux origines, et l'on est tous les jours à même de les distinguer dans l'exécution, soit comme double mesure de trois temps à division binaire, soit comme simple mesure de deux temps à division ternaire; cependant il est clair que la différence d'effet qu'on y trouve ne peut pas être attribuée à l'espèce de la mesure, mais bien au degré du mouvement. C'est donc à tort qu'on écrit en $\frac{6}{8}$ des mouvemens *largo*; il faudrait les écrire par trois temps (*fig.* 106), et réserver exclusivement la mesure $\frac{6}{8}$, sous l'indication $\frac{2}{3}$ (*fig.* 107), pour les mouvemens plus marqués, afin toujours que les signes ne soient pas en contradiction avec les idées qu'ils expriment.

Quand on s'est fait une juste idée de la mesure appelée $\frac{6}{8}$, et qu'on examine attentivement la notation usitée de cette sorte de mesure, on est surpris d'y voir figurer des signes qui ne furent pas faits pour elle. En effet, l'unité, au lieu d'y être représentée par un seul signe comme dans les autres mesures, y paraît sous un signe double, qui est la *noire pointée;* de sorte que l'œil est forcé de rapporter toutes les fractions à la noire, qui n'est que les deux tiers du temps, tandis que l'oreille les rapporte à la noire pointée, qui est la vraie unité. La contradiction est manifeste ; elle vient de ce qu'on ne veut pas déroger à un principe mal à propos établi, savoir : que la noire ne peut se diviser qu'en deux croches ; mais plutôt il ne fallait pas déroger à un principe plus ancien, qui était de la diviser, selon le besoin, en deux croches ou en trois. Nos aïeux du quatorzième siècle la divisaient de ces deux manières. Il fallait donc ou rejeter la division ternaire du temps que nous tenons d'eux, ou conserver avec elle les signes qui lui sont essentiels ; car il est étrange que nos signes ne se rapportant qu'à la division binaire, on veuille les faire servir à l'autre division, en leur donnant mille entorses. Lorsque, par exemple, on veut diviser en deux moitiés accidentellement le temps d'une mesure $\frac{6}{8}$, il faut bien écrire deux croches dans ce temps ; mais n'étant pas des croches telles que les premières qui ont paru, on est obligé d'en avertir par un signe irrégulier, tel que le chiffre 2 écrit sur ce couple (*fig.* 108). La même chose arrive quand on veut diviser par tiers le temps des mesures $\frac{2}{4}$ (*fig.* 109), et quand on veut réduire en trois temps une mesure de quatre temps (*fig.* 110), etc. Les anciens avaient à cet égard des signes mieux entendus que les nôtres, car ils pouvaient distinguer régulièrement toutes ces choses, et nous y sommes à tout moment embarrassés. La notation que j'ai exposée ne laisse rien à désirer sous ce rapport.

Quand mon élève est suffisamment affermi sur la mesure, c'est-à-dire, qu'il sait diviser, du moins selon les coupes les plus communes, une unité de durée prise arbitrairement, je lui enseigne à distinguer les durées absolues qu'on peut donner à cette unité : ce qui constitue les divers degrés de *mouvement*. Pour cet effet, je lui mets sous les yeux un chronomètre à double échelle, dont je vais donner la construction.

Dans le chas d'une aiguille fixée au haut d'une règle de bois, glisse un fil long de trois à quatre pieds, qui tient deux balles suspendues, dont l'une sert de contre-poids à l'autre, tandis que celle-ci fait des balancemens qu'on nomme *battemens* ou *oscillations*. Il résulte de cet arrangement, qu'en soulevant de la main et faisant monter l'une des balles pour la rapprocher de l'aiguille, l'autre descend et s'en éloigne par son propre poids. Or, les battemens sont d'autant plus rapides, que la balle qui les donne est plus près de l'aiguille qui en est le point de suspension ; et ils se ralentissent, au contraire, en abaissant cette balle pour alonger le fil qui la suspend : et comme ce fil peut prendre tous les degrés de longueur depuis sa totalité en diminuant jusqu'à zéro, il s'ensuit qu'on peut obtenir à volonté toutes les nuances de vîtesse dans l'oscillation, depuis la plus lente que donne le fil entier, jusqu'à l'infiniment brève. Il n'y a plus qu'à fixer une loi de décroissement à ces durées, et à marquer les décroissemens correspondans de la longueur du fil sur la règle de bois devant laquelle il est suspendu.

Or, il se présente deux manières de mesurer la durée de l'oscillation : l'une par centièmes de seconde, et l'autre par le nombre de ces oscillations qui passeraient à la minute. Mais toutes les deux dépendent d'un même principe de physique, qui est que la longueur du pendule croît à proportion du carré du temps que dure l'oscillation : c'est-à-dire, que pour une oscillation de durée double, la longueur doit être quadruple, qu'elle doit être nonuple pour faire une oscillation triple, etc. Ainsi, pour que les durées croissent en progression arithmétique de nombres naturels, il faut que les longueurs croissent comme les carrés de ces nombres. Si donc on veut diviser la seconde de temps en 100 parties ou centièmes, il faut diviser en 10,000 parties (100 f. 100) la longueur du pendule qui répond à cette oscillation ; et entre toutes ces parties, remarquant particulièrement les

1.re, 4.e, 9.e, 16.e, 25.e, 36.e, 49.e, 64.e, etc.

à compter de l'origine, y poser la suite des nombres

1, 2, 3, 4, 5, 6, 7, 8, etc.

qui seront les centièmes de seconde que durera l'oscillation de la balle arrêtée devant l'un de ces indices. On voit donc que les intervalles consécutifs d'un centième à l'autre ne sont pas équidistans sur l'échelle, mais qu'ils vont en croissant de haut en bas. Il est même aisé de reconnaître qu'ils croissent suivant la loi des nombres impairs.

1, 3, 5, 7, 9, 11, 13, 15, etc.

c'est-à-dire, que le premier intervalle de o à 1 contenant, je suppose, un dixième de millimètre, le second intervalle de 1 à 2 contient 3 de ces parties; l'intervalle suivant de 2 à 3 en contient 5; celui d'après en contient 7, etc.

Il est vrai que ce n'est pas rigoureusement le dix-millimètre qui répond au premier centième de l'échelle; mais il s'en faut bien peu, car c'est ce même dix-millimètre, diminué de 6 pour 1000, qui est la vraie unité de longueur qui convient à la suite des carrés ci-dessus. La raison en est que la longueur du pendule à seconde est de 994 millimètres ou 9940 dix-millimètres (1), et que

---

(1) C'est la longueur qui convient à la latitude de Paris (440 lignes $\frac{1}{2}$). Elle serait plus courte d'une ligne et demie à l'équateur, ou de trois millimètres et $\frac{1}{3}$; mais ce n'est pas assurément la peine d'en tenir compte, pas plus que du vrai centre d'oscillation qui n'est pas le centre même de la balle, et qui est plus bas d'$\frac{1}{4}$ de millimètre au 20e degré de l'échelle, pour une balle d'un centimètre de diamètre. La théorie donne toute l'exactitude désirable, mais la pratique n'offre jamais qu'une approximation du calcul: toutefois on doit s'assurer si cette approximation est suffisante.

c'est cette longueur qui a dû être divisée précédemment en 10,000 parties. Par conséquent, on aura une manière plus commode de construire l'échelle dont il s'agit, en dressant d'abord une table des carrés des nombres naturels, depuis 1 jusqu'à 100, et retranchant à tous ces carrés 6 pour 1000, c'est-à-dire, les $\frac{6}{1000}$ de chacun, ce qui réduira en dix-millimètres les longueurs de pendule relatives à chaque centième de seconde; après quoi il sera aisé de rapporter ces longueurs au compas sur la règle du chronomètre, au moyen d'un mètre gradué.

A côté de cette première échelle, on peut en faire correspondre une deuxième, qui indique le nombre de battemens par minute, que fait le pendule à chaque centième de seconde. On mettra donc le nombre 60 vis-à-vis de 100 centièmes, parce qu'à ce point où il bat la seconde, il doit la battre 60 fois à la minute. Par conséquent, on mettra 120 vis-à-vis de 50, 240 vis-à-vis de 25; de façon toujours que les deux nombres correspondans fassent le produit de 6000 en se multipliant; et l'on aura la correspondance suivante entre les degrés des deux échelles:

Centièmes de seconde :

100, 80, 75, 60, 50, 40, 30, 25, 24, 20, 10.

Battemens par minute :

60, 75, 80, 100, 120, 150, 200, 240, 250, 300, 600.

On voit que la croissance des nombres est inverse de l'une à l'autre échelle, et que comme elle est descendante sur la première, elle est ascendante sur la seconde. Il serait inutile de continuer celle-ci sur tous les degrés de l'autre, parce qu'elle offrirait alors des nombres fractionnaires; il vaut mieux calculer *à priori* les longueurs de pendule qui répondent à tous les nombres entiers de battemens, et en ayant dressé une table réduite en dix-millimètres, s'en servir à construire la nouvelle échelle demandée. Or, cette table se forme en divisant le nombre constant 36,000,000, successivement et séparément par tous les carrés des nombres de la série

60, 61, 62, 63, 64, etc.

après quoi l'on y applique la réduction de 6 pour 1000, comme on l'a vu précédemment (1).

Quoique les indications de cette seconde échelle

---

(1) On observera que le chronomètre que je viens de décrire ayant 3 pieds 8 lignes $\frac{1}{2}$ de hauteur dans son échelle, peut donner des durées plus lentes que la seconde, et même tous les degrés de lenteur jusqu'à deux secondes : il ne faut pour cela que compter deux oscillations pour une, ce qui est très-facile en réunissant une allée et un retour de la balle. Une échelle de 100 centièmes sert de cette manière pour jusqu'à 200, qui exigeraient autrement une longueur quadruple, ou de 12 pieds 34 lignes. Par la même raison, les 50 premiers degrés de l'échelle suffiraient pour les degrés ultérieurs jusqu'à 100; mais, comme ils n'embrassent qu'une hauteur de quelques pouces, on peut profiter de cette remarque pour réduire la machine à un petit volume, et la rendre plus portative : elle le serait encore assez en employant les 60 premiers degrés qui ne font que 13 pouces $\frac{1}{4}$.

puissent paraître plus intelligibles à quelques personnes, par la raison qu'elles peuvent à tout moment les vérifier montre en main, toutefois celle de la première sont préférables, en ce que la graduation y répond à des augmentations et des diminutions égales de vîtesse, de centième en centième, avantage qui n'a pas lieu sur l'autre échelle où les degrés, quoique différens de grandeur, ne répondent point à des divisons égales du temps; ainsi, la balle, en montant du point 60 au point 61, diminue sa vitesse d'$\frac{1}{61}$ de seconde, tandis que si elle passe du point 120 au point 121, elle ne la diminue que de $\frac{1}{242}$ de seconde; fractions hétéroclites et qui ne sont point immédiatement comparables. Par cette raison, je détermine la préférence de mes élèves pour l'échelle centésimale.

C'est à celle-ci que je rapporte quelques mouvemens généraux, tels que ceux de valse, de marche, de contredanse, etc., en y mesurant la durée d'un temps ou d'une mesure de ces sortes d'airs. La mesure de valse peut se rapporter autour du 100e degré, la demi-mesure de marche à deux temps au 80e, la demi-mesure de contredanse au 60e. Ces indications, sans être tout-à-fait mathématiques, satisfont mieux l'esprit que des adverbes italiens, et rempliront mieux leur but. Elles deviendront autant de points de comparaison dans l'esprit de l'élève; pour qu'il se fasse une idée assez juste des autres degrés de mouvement, quand il n'aura pas de chronomètre sous les yeux.

Enfin, je lui fais connaître les limites des durées appréciables, soit en lenteur soit en vîtesse, et je les détermine avec lui de la manière suivante : si l'on monte la balle au 30ᵉ degré, on a une durée très-brève qui vaut trois dixièmes de seconde. Or, on peut encore sous-diviser cette durée en trois parties égales, en exprimant nettement de la voix ou de l'instrument une suite de triolets. Il en résulte que la limite des sons brefs praticables en musique et suffisamment distincts à l'oreille, est environ la dixième partie d'une seconde, et qu'il en passerait 600 à la minute. Par conséquent, pour être divisible en huitièmes, un temps de mesure ne doit pas durer moins que 80 centièmes ; et pour être divisible en douzièmes, il doit durer au moins une seconde et vingt centièmes : ce qui est pour la pratique un mouvement bien *largo*.

Conclusion.

Le mode d'enseignement que je présente est d'abord *simultané*, puisque je peux recevoir à mes leçons de trente à quarante élèves. Il n'y a même de limite à ce nombre que par la distance à laquelle on cesserait de voir distinctement la baguette sur l'échelle de portées, et les notes sur la planche noire où je les écris.

Mais on conçoit qu'il serait à présent facile de rendre cet enseignement *mutuel*, et de l'appliquer à de plus grandes écoles : il faudrait premièrement réduire en tableaux synoptiques toutes les parties de la science et celles de l'art ; ces tableaux devraient être courts, et ne contenir qu'au bas des explications très-concises par demandes et réponses, pour diriger le moniteur. Le haut, le fond principal du tableau, serait toujours une idée rendue pour ainsi dire matérielle : ce serait, par exemple, pour l'un, les deux hexacordes de *sol* et d'*ut* écrits de cette manière :

sol ⋆ *la* ⋆ *si ut* ⋆ *ré* ⋆ *mi*
ut ⋆ *ré* ⋆ *mi fa* ⋆ *sol* ⋆ *la*

Pour un autre, ce seraient les sept accords naturels ainsi arrangés, pour lire de bas en haut :

Accord de quinte mineure.	*si*	*ré*	*fa*
	mi	*sol*	*si*
Accords mineurs............	*la*	*ut*	*mi*
	ré	*fa*	*la*
	sol	*si*	*ré*
Accords majeurs............	*ut*	*mi*	*sol*
	fa	*la*	*ut*

Pour un autre, ce seraient les mêmes accords qui auraient changé de qualité par l'effet des dièses ou des bémols. Ailleurs serait écrite la correspondance des toniques relatives de mode majeur et mineur, etc.

L'étude de la mesure exigerait de même plusieurs tableaux des coupes du temps, sur lesquelles le moniteur promènerait sa baguette. Mais l'exercice de l'échelle de portées en exigerait le plus grand nombre, parce que le moniteur, quelque avancé qu'il fût, ne saurait pas toujours trouver sur-le-champ dans sa tête un exemple qui fût relatif à chaque explication qu'il viendrait de faire. Il faudrait donc avoir des recueils de petits solfèges les plus courts possible, et ne contenant chacun tout juste que ce qui serait nécessaire au principe à éclaircir, et tout au plus à la cadence de la phrase qu'on y aurait entamée. Ces solfèges porteraient des renvois aux tableaux de théorie dont ils dépendent. La leçon se terminerait par quelques airs agréables que le moniteur marquerait proprement sur l'échelle, et dont ensuite il écrirait l'un sur la planche noire, où chaque élève en prendrait copie pour l'étudier chez lui par cœur et le réciter à la leçon suivante.

Je ne m'étends pas davantage sur la formation de ces tableaux, parce qu'outre qu'ils sont, la plupart, indiqués dans ce livre, je me propose d'en faire imprimer des collections avec tout le soin possible, pour l'usage de ceux qui m'en demanderaient, étant disposé à faire tous mes efforts pour donner la parfaite intelligence de ma méthode aux maîtres qui désireront de l'appliquer (1).

Un avantage extrêmement remarquable, et dont je n'ai pas encore parlé, c'est que par la nature de la méthode, le même moniteur peut diriger au même instant deux classes d'élèves de forces très-différentes, et qui auraient, par exemple, six ou huit mois de distance ; c'est-à-dire, qu'après avoir conduit une classe durant six mois, on en ouvre alors une seconde dont les leçons servent rigoureusement pour la première : de sorte que la même leçon se trouve être tout à la fois faible pour les commençans, et très-forte pour les anciens élèves. Voici en deux mots l'explication de ce paradoxe : c'est que pendant que les nouveaux élèves solfient sur l'alphabet du ton d'*ut*, modèle de tous les tons, les anciens solfient la même leçon de baguette à commandement sur tout autre alphabet, et qu'ils ont alors besoin du même ménagement que ceux-là dans la conduite des phrases qu'on leur présente. Ainsi, tous les élèves travaillent à la fois ; ils travaillent sur le même sujet, et pourtant ils y font un travail réellement différent.

---

(1) *L'indifférence* des maîtres (pour employer une expression polie) a fait ajourner l'exécution de ce projet de Galin. Du moins, la plupart des paysans qui repoussent les améliorations relatives à l'agriculture ont une sorte d'excuse : il ne savent pas lire. (A. P.)

J'ai une observation à faire sur l'enseignement mutuel. Plusieurs personnes se font une idée fausse, en le regardant comme une méthode universelle, une fois découverte, et qui puisse désormais s'appliquer à toutes les branches possibles d'instruction. Il importe extrêmement de redresser leur opinion sur ce point : d'abord, parce qu'elle est injurieuse à la gloire nationale, en rapportant à un seul étranger tout l'honneur des efforts qu'ont fait après lui d'autres hommes de mérite, pour obtenir, en différens genres, les mêmes succès qu'il n'avait obtenus que dans un seul; en second lieu, parce qu'elle est nuisible à l'intérêt public, en favorisant un certain genre de charlatanisme, qui consiste à revêtir d'un nom fameux quelques conceptions éphémères, et à donner, sous le nom de Lancastriennes, une foule de débiles méthodes sur tous les sujets possibles auxquels Lancaster n'avait pas songé.

L'enseignement mutuel n'est point par ce seul titre une méthode générale et applicable à tout : il renferme en soi autant de méthodes au moins qu'il y a de branches d'étude dans la société, et même il en renferme davantage, s'il est vrai que sur la même branche il puisse y avoir plusieurs méthodes différentes. Aussi, les diverses écoles d'enseignement mutuel qui sont instituées, ne suivent pas toutes encore une même méthode sur le même objet d'instruction ; mais le temps nivellera ces méthodes, et la meilleure sans doute prévaudra. Quoiqu'il en soit, il faut regarder l'assemblage de toutes les écoles sous le titre d'enseignement mutuel, comme on regarde l'assemblage de tous les colléges du royaume sous le titre d'université : c'est en effet un nouveau corps universitaire qui se crée; il a commencé, comme commença l'autre sous Charlemagne, par les plus simples élémens de l'éducation; chaque jour amène dans son sein une branche d'enseignement qu'il ne possédait pas la veille; et personne ne peut dire, tant que dure ce mouvement, jusqu'où s'étendra le domaine qu'il doit envahir. Lancaster fut le noyau de ce corps naissant, où se sont fait agréger ensuite, en y apportant leur tribut de méditations, une foule d'hommes supérieurs et de professeurs distingués, amis de l'humanité et des lumières.

Ce n'est donc pas donner l'idée d'une méthode, que de dire qu'elle est *celle* qu'on suit dans l'enseignement mutuel, puisqu'on y en suit plusieurs; il faut dire de plus, si c'est celle des frères *Pestalozzi*, en Italie, ou celle de *Lancaster*, en Angleterre, ou, etc. Tant qu'on n'ajoute pas cette détermination, on parle aussi vaguement que si l'on disait qu'on suit *le* traité de physique ou de géométrie de l'université, et plus vaguement encore, parce que ces méthodes nouvelles ne sont pas développées au public par leurs auteurs, comme le sont ces livres. Ce serait bien pis si l'on annonçait un cours de dessin, ou de peinture, ou de musique, selon la méthode de Lancaster; ce serait comme de l'annoncer selon la méthode de Port-Royal, parce que Port-Royal ni Lancaster n'ont rien fait dans ce genre, quoiqu'ils aient utilement travaillé en d'autres. Mais ceux qui ne regardent qu'à peu près les choses, ne sont frappés, dans les nouvelles méthodes, que de la division du travail, au moyen de laquelle on rend facile l'acquisition des idées, et leur transmission d'un individu à l'autre dans toute l'école simultanément. C'est en effet un point que toutes ont de commun entre elles; mais quels livres et quelles méthodes anciennes n'ont pas de points communs et en un plus grand nombre? On ne considère pas que la division du travail constitue à elle seule une méthode dans la manière dont elle est faite, et que, pour faire cette division, il faut avoir des idées bien déterminées sur l'objet à enseigner; qu'autrement ce serait une découverte préalable à faire, que de recueillir ces idées, de les réunir en corps de science, et de les coordonner, entr'elles, au point qu'il n'y eût plus qu'à les diviser en petites sections pour les faire facilement acquérir et transmettre d'individu à individu.

Je termine ici cet ouvrage, bien imparfait sans doute, et peut-être trop court pour la quantité de matières qu'il renferme; peut-être aussi trop long en quelques endroits. J'ai eu deux buts en l'écrivant: je n'avais d'abord que celui de faire connaître ma méthode aux maîtres et aux personnes qui, étant versées dans l'art que je traite, peuvent désirer d'en faire l'application autour d'elles; mais bientôt je me suis aperçu que je pouvais, sans nuire à ce dessein, travailler aussi au profit de mes élèves, en ajoutant çà et là quelques développemens dont je me serais autrement dispensé. Toutefois j'ai tâché d'en être sobre.

S'il m'était possible de prendre des mesures pour qu'on me jugeât avec quelque justice, et de prévoir toutes les sortes de critique qu'on me destine peut-être, je prierais que l'on fît réflexion qu'en m'adressant aux maîtres, je n'ai pas la prétention de leur enseigner *la musique ;* car personne ne doute qu'ils ne la sachent en perfection, et pour moi je suis le sincère admirateur du talent de ceux qui m'entourent. Ce n'est qu'une *méthode* d'*enseignement* que je leur présente, pour qu'ils s'en servent, si elle est à leur gré. Or, une nouvelle méthode n'est pas une somme d'idées nouvelles, mais est un nouvel arrangement des idées connues. Par conséquent, ces Messieurs ne se récrieront pas, si je n'ai presque rien dit dont la pratique ne leur fut familière. Je n'ai fait que mettre au grand jour des idées qui sont assurément dans leurs têtes, puisqu'ils exécutent la musique avec tant d'habileté, mais qui s'y trouvent cachées sans doute, puisqu'ils ne les communiquent pas à leurs disciples.

Toutefois, je dirai avec la même franchise, que je crois avoir tiré de ces idées approfondies plusieurs conséquences neuves à tous égards; qu'il en est même quelques-unes que j'ai éclaircies ou rectifiées, et qui m'ont donné des procédés de pratique dont on ne s'était pas avisé jusqu'ici.

J'ai envisagé la musique tantôt comme une langue (1), tantôt comme une branche de physique expérimentale, à laquelle devait s'appliquer l'analyse. J'ai démontré qu'elle renferme une science utile au développement de nos facultés intellectuelles, qu'on y peut mettre la logique en action, comme partout ailleurs, et que l'éducation de la jeunesse doit désormais s'en ressentir, comme de toute autre étude qui enseigne à raisonner; qu'on peut la placer à côté des sciences exactes en même temps que des arts d'imagination, parce qu'on y peut faire l'analyse du chant avec la même précision, la même évidence, qu'on fait en chimie celle de l'air... Oui, sans doute, n'est-il donc des faits que pour la vue? n'en est-il pas pour l'ouïe, n'en est-il pas pour tous les sens? Or, s'il est vrai que l'esprit n'ait qu'une manière de raisonner, qu'une manière de se conduire sur toutes sortes de sujets, comme les jambes n'ont qu'une manière de mar-

---

(1) Je dis comme une *langue savante* ou *grammaticale*, comme une *algèbre*, si l'on veut, non comme une *langue poétique* à laquelle donnerait lieu l'étude de cet art considéré dans ses rapports avec les passions du cœur humain. On sent bien que ceci n'était pas de mon sujet.

cher sur toutes sortes de terrains, il s'en suit qu'après avoir étudié la musique à la manière des sciences, qu'après avoir exercé son esprit sur ce genre de faits, de la façon qu'il doit s'exercer sur tout autre, un élève en sera réellement plus propre à porter ailleurs ses méditations, et que, pour lui, *chanter à livre ouvert, écrive sous dictée*, ne sont que les moindres fruits qu'il retirera d'une étude ainsi dirigée.

Si le public accueille mon ouvrage; s'il y reconnaît un peu de cette utilité que j'ai voulu y mettre à côté de l'agrément; si la jeunesse trouve du plaisir à être instruite par ma méthode, et si elle accorde enfin à la musique ce nom d'art d'agrément qu'elle lui a si long-temps contesté, ce sera là ma plus douce récompense.

FIN.

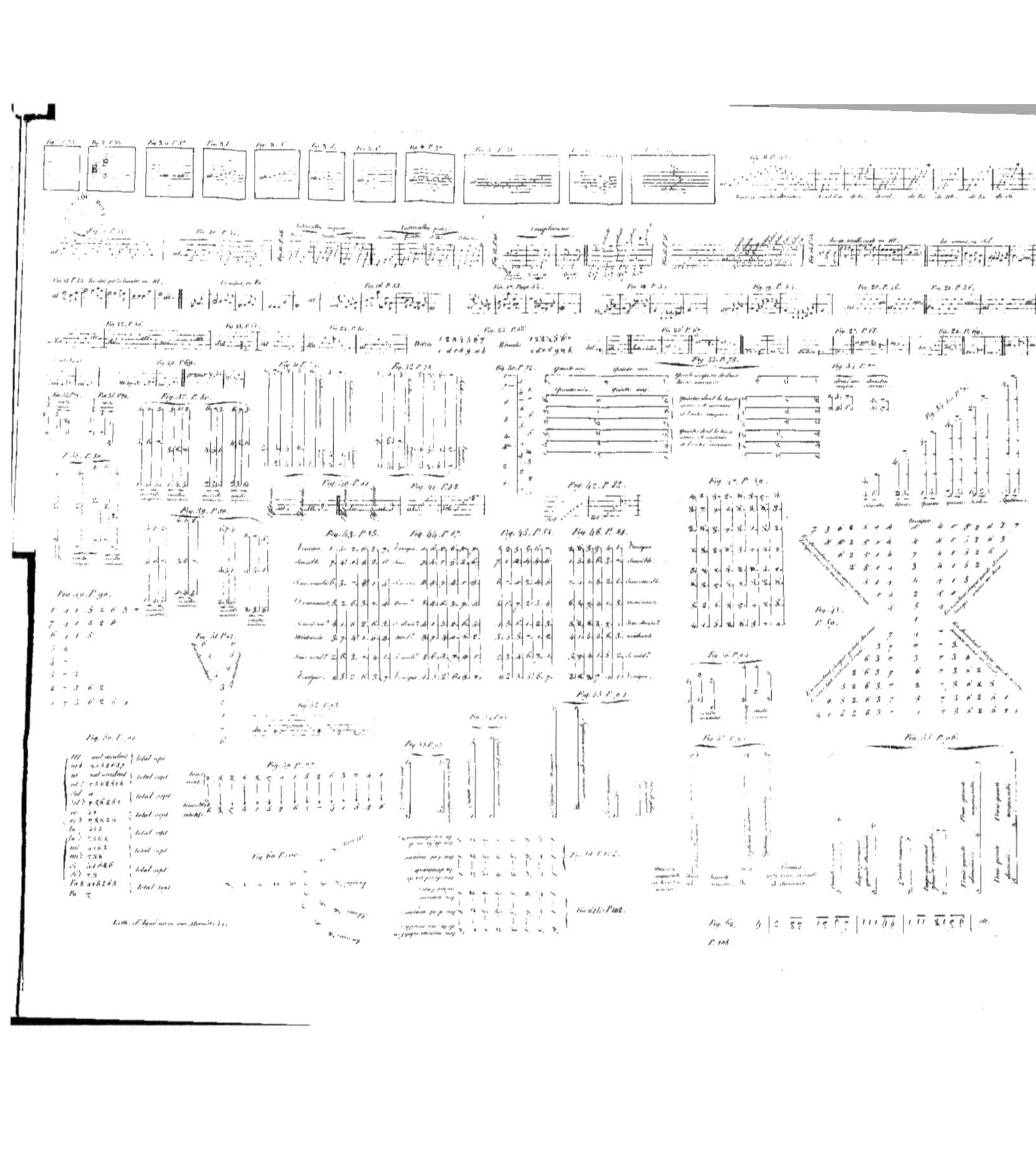

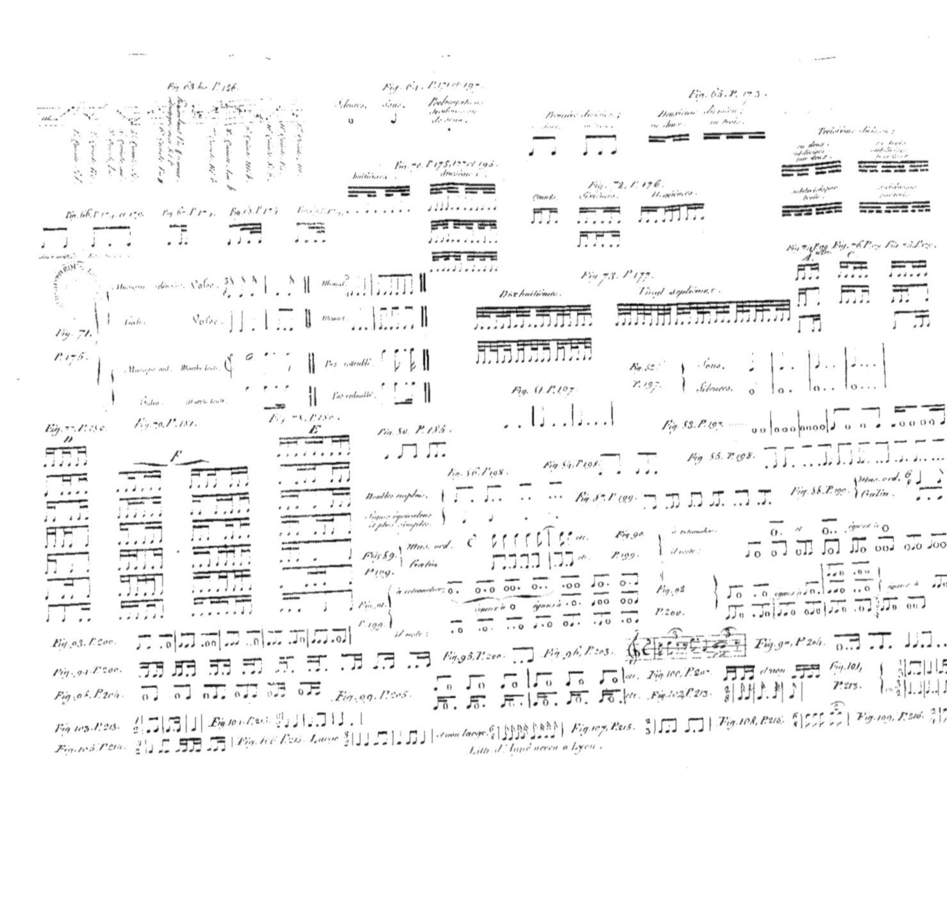

Fig. 63 bis. P. 126.
Fig. 64. P. 171 et 197.
Silences.
Sons.
Prolongation
Fig. 65. P. 173.
Première division
Deuxième division
Troisième division
Fig. 66. P. 174 et 176.
Fig. 70. P. 175, 177 et 195.
Fig. 72. P. 176.
Croches.
Doubles croches.
Fig. 71.
P. 175.
Valse.
Galop.
Marche lente.
Pas redoublé.
Fig. 73. P. 177.
Dix-huitièmes.
Vingt septièmes.
Fig. 77. P. 180.
Fig. 79. P. 181.
Fig. 78. P. 180.
Fig. 80. P. 185.
Fig. 81. P. 197.
Fig. 82.
P. 197.
Sons.
Silences.
Fig. 83. P. 197.
Fig. 84. P. 198.
Fig. 85. P. 198.
Fig. 86. P. 198.
Fig. 87. P. 199.
Fig. 88. P. 199.
Mus. ord.
Galin.
Doubles moyens.
Signes équivalents et plus simples.
Fig. 89.
P. 199.
Mus. ord.
Galin.
Fig. 90.
P. 199.
Fig. 91.
P. 199.
Fig. 92.
P. 200.
Fig. 93. P. 200.
Fig. 94. P. 200.
Fig. 95. P. 200.
Fig. 96. P. 203.
Fig. 97. P. 204.
Fig. 98. P. 204.
Fig. 99. P. 205.
Fig. 100. P. 207.
Fig. 101.
P. 213.
Fig. 102. P. 213.
Fig. 103. P. 213.
Fig. 104. P. 213.
Fig. 105. P. 214.
Fig. 106. P. 215.
Largo
Fig. 107. P. 215.
Fig. 108. P. 216.
Fig. 109. P. 216.
Lith. d'Aimé neveu à Lyon.

TABLE
ALPHABÉTIQUE ET ANALYTIQUE
DES MATIÈRES
CONTENUES DANS CET OUVRAGE.

A.

B.

C.

D.

E.

L.

M.

N.

P.

Q.

R.

S.

T.

FIN DE LA TABLE ALPHABÉTIQUE.

www.ingramcontent.com/pod-product-compliance
Ingram Content Group UK Ltd.
Pitfield, Milton Keynes, MK11 3LW, UK
UKHW022050260726
13993UKWH00001B/34

9 782329 452777